기업 인사담당자를 위한

재취업지원서비스의 이해와 적용

김석란 · 김소영 · 이영민 공저

박영사

정부의 법령 개정으로 재취업지원서비스가 기업현장에 의무적으로 도입되기 시작하였다. 기존에 재취업지원서비스를 제공하던 일부 기업은 제도 도입과 안착에 별다른 문제가 없겠지만 많은 기업은 제도의 필요성을 충분히 이해하지 못할 뿐만 아니라 용어 사용의 혼란, 운영 절차와 방법에 대한 정보 부족으로 어려움을 경험하고 있을 것이다. 이 책은 재취업지원서비스를 실제로 도입, 적용, 운영하는 기업의 인사담당자가 어떻게 하면 재취업지원서비스를 효과적으로 시행할 수 있을까라는 질문에 답을 하고자 집필하게 되었다. 저자들은 이 분야에서 오랜 기간 현장경험을 쌓았고 식견을 갖추고 있으며, 정부정책 수립과 평가에도 관여하고 있어서 현장에서 부딪히는 여러 문제점을 해결하는 데 도움을 줄 수 있을 것으로 기대하며 저술에 참여하였다.

시중에 재취업지원서비스와 연관이 있는 전직지원, 고용서비스, 생애설계, 진로설계, 경력개발 등과 관련된 책들이 출판되어 있다. 그러나 이 책은 의무화된 재취업지원서비스를 처음 접하는 기업의 인사담당자가 회사의 특성에 맞게 서비스를 구성하기 위한 실무적인 목적으로 저술되었다. 따라서 곧바로 실행할 수 있는 지침을 중심으로 서비스 제공 방법이 단계별로 담겨 있다. 재취업지원서비스에 대한 이해와 적용을 촉진하기 위해 다음과 같이 각 장을 구성하였다.

1부 재취업지원서비스의 이론과 실제에서는 1장 재취업지원서비스의 법적 근거로 재취업지원서비스의 추진배경과 기업의 장년 인력관리, 장년 근로자 재취업 법제화의 경과를 다루었고, 2장 재취업지원서비스의 이해로 재취업지원서비스의 개념, 필요성과 목적, 효과, 모형, 국내와 해외사례로 구성하였다.

2부 재취업지원서비스의 도입·운영·성과관리에서는 1장 재취업지원서비스 도입으로 재취업지원서비스 도입을 위한 검토사항, 운영형태와 조직구성, 서비스 프로세스 구축에 대한 내용을 다루었다. 2장 재취업지원서비스의 운영은 재취업지원서비스 프로그램의 교육, 취업알선, 상담, 진단으로 이루어졌고, 3장 재취업지원서비스의 성과관리로 재취업지원서비스의 실적관리, 효과분석, 전문성 제고 방안으로 구성하였다.

이 책이 출판되기까지 많은 분들의 정성 어린 도움과 아낌없는 수고가 있었다. 특히 이 책의 주요 내용들을 대학원 수업에서 다루며, 저자들이 미처 생각하지 못했던 아이디어와 사례를 제공해 주고 내용에 대해 건설적인 비판을 해 준 숙명여자대학교 대학원 인력개발정책학과 대학원생들에게 감사를 드린다. 또한, 이 책을 서술하는 과정에서 비판적인 의견을 제시하여 책의 완성도를 높이도록 지원한 주요 기업의 인사담당자분들과 전직컨설팅회사 관계자분들께도 깊은 감사를 드린다. 끝으로 이 책을 무사히 출판할 수 있도록 도와주신 박영사의 안종만 회장님, 안상준 대표님, 장규식 과장님, 황정원 선생님께도 진심으로 감사의 말씀을 전한다.

2021년 4월 30일
저자 일동

목차

PART 01
재취업지원서비스의 이론과 실제

CHAPTER 01 재취업지원서비스의 법적 근거 ·· 3
    1. 재취업지원서비스의 추진 배경 ·· 3
    2. 장년 근로자 재취업 법제화의 경과 ·· 18

CHAPTER 02 재취업지원서비스의 이해 ··· 27
    1. 재취업지원서비스의 개념 ·· 27
    2. 재취업지원서비스의 필요성과 목적 ·· 31
    3. 재취업지원서비스의 효과 ·· 34
    4. 재취업지원서비스 모형 ·· 36
    5. 재취업지원서비스 프로그램 ·· 39
    6. 재취업지원서비스의 국내 사례 ·· 42
    7. 재취업지원서비스의 해외 사례 ·· 73

PART 02
재취업지원서비스의 도입·운영·성과관리

CHAPTER 03 재취업지원서비스의 도입 ··· 93

　　1. 인력운영 전략으로서 재취업지원서비스 ·························· 93

　　2. 재취업지원서비스 도입을 위한 검토 ······························· 95

　　3. 재취업지원서비스의 운영형태 ·· 101

　　4. 조직 구성 및 직무 내용 ··· 106

　　5. CTC(Career Transition Center) 구축 ···························· 112

　　6. 서비스 프로세스 구축 및 매뉴얼 제작 ·························· 114

　　7. 자사 직원에 대한 사전교육 ·· 117

　　8. 사내 홍보 및 서비스 안내 ·· 119

CHAPTER 04 재취업지원서비스의 운영 ······························· 123

　　1. 교육 ··· 123

　　2. 취업알선 및 재취업 연계 ··· 140

　　3. 상담 ··· 143

　　4. 진단 ··· 151

CHAPTER 05 재취업지원서비스의 성과관리 ························· 157

　　1. 실적관리 ··· 157

　　2. 재취업지원서비스의 효과분석 ······································ 166

　　3. 전문성 제고 방안 ·· 171

참고문헌 / 177

INDEX / 185

표 목차

〈표 1-1〉 장년 근로자 활용을 위한 방향 ····················· 13
〈표 1-2〉 전략별 내용 ·································· 18
〈표 1-3〉 재취업지원서비스의 운영 기준 ····················· 22
〈표 1-4〉 재취업지원서비스(전직지원프로그램)의 의미 ·············· 30
〈표 1-5〉 재취업지원서비스(전직지원프로그램)의 모형 ·············· 38
〈표 1-6〉 재취업지원서비스의 구성 ······················· 42
〈표 1-7〉 A사의 일반 직원 대상 전직지원프로그램 ··············· 45
〈표 1-8〉 A사의 임원 대상 전직지원프로그램 ················· 45
〈표 1-9〉 C사의 전직지원프로그램 ······················· 50
〈표 1-10〉 D사의 전직지원프로그램 내용 ···················· 51
〈표 1-11〉 F사의 재취업 프로그램 ······················· 55
〈표 1-12〉 F사의 창업 프로그램 ························· 56
〈표 1-13〉 F사의 생애설계 프로그램 ······················ 57
〈표 1-14〉 J센터의 재도약프로그램 교육과정 ·················· 69
〈표 1-15〉 J센터의 전직지원서비스 표준모델 ·················· 70
〈표 1-16〉 K센터의 역량강화 취업 워크숍 프로그램 ·············· 71
〈표 1-17〉 K센터의 적응교육 워크숍 프로그램 ················· 72
〈표 1-18〉 K센터의 시니어 워크숍 프로그램 ·················· 72
〈표 1-19〉 와이어하우저의 Healthy Wealthy Wise 프로그램 ··········· 76
〈표 1-20〉 캘리포니아 Experience Unlimited ·················· 77
〈표 1-21〉 일본 진로선택제도 ·························· 78
〈표 1-22〉 오므론의 생애설계 연수 프로그램 ·················· 80
〈표 1-23〉 동경 일 센터의 미들과정의 2단계 기본 세미나 ··········· 82
〈표 1-24〉 동경 일 센터의 미들과정의 2단계 선택과정 ············· 82
〈표 1-25〉 지멘스의 컴파스 프로세스(compass process) 프로그램 ········· 85
〈표 2-1〉 In-house 방식 센터의 컨설턴트 직무내용 ·············· 110
〈표 2-2〉 재취업지원프로그램 대상의 특성 및 목표 ·············· 125
〈표 2-3〉 진로설계프로그램 사례 ······················· 126
〈표 2-4〉 재취업프로그램 사례 ························ 128

〈표 2-5〉 창업프로그램 사례 ··· 129

〈표 2-6〉 생애설계프로그램 사례 ·· 130

〈표 2-7〉 정년퇴직 예정자 프로그램 사례 ······································· 131

〈표 2-8〉 임원프로그램 사례 ·· 132

〈표 2-9〉 재취업지원프로그램 전체 모듈 사례 ······························· 133

〈표 2-10〉 재취업지원서비스의 교육효과모델 ································· 167

〈표 2-11〉 재취업지원서비스의 성과와 관련 인터뷰 내용 ············ 168

〈표 2-12〉 전직지원서비스 효과분석을 토대로 한 개선방향 ········· 169

그림 목차

[그림 1-1] 재취업지원서비스(전직지원프로그램)의 실시 절차 ·································· 40

[그림 1-2] A사의 전직지원 프로세스 ··· 44

[그림 1-3] B사의 전직지원프로그램 진행 프로세스 ··· 47

[그림 1-4] B사의 전직지원프로그램 실행 지원 개념도 ··································· 48

[그림 1-5] E사의 전직지원프로그램 내용 ··· 52

[그림 1-6] G사의 전직지원프로그램의 프로세스 ··· 58

[그림 1-7] G사의 재취업 프로그램 진행 프로세스 ·· 59

[그림 1-8] G사의 창업 프로그램 진행 프로세스 ··· 60

[그림 1-9] G사의 경력관리 프로그램 ·· 60

[그림 1-10] H사의 전직지원서비스 참여자 혜택 ·· 62

[그림 1-11] H사의 창업 프로그램 프로세스 ·· 62

[그림 1-12] H사의 임원 프로그램 설계 프로세스 ··· 63

[그림 1-13] I사의 일반형 전직지원프로그램 ··· 64

[그림 1-14] I사의 맞춤형 전직지원프로그램 ··· 65

[그림 1-15] I사의 생애경력관리 프로그램 ·· 66

[그림 1-16] J센터의 전직스쿨프로그램 내용 ·· 68

[그림 1-17] 퍼스펙티브 50플러스 취업협력공동체의 구직지원 모델 ·············· 88

[그림 2-1] 재취업지원서비스 도입 프로세스 ··· 95

[그림 2-2] 혼합방식 운영 형태 ··· 105

[그림 2-3] 운영형태의 순차적 전환 ·· 105

[그림 2-4] 컨설팅회사의 조직 구성 사례 ·· 106

[그림 2-5] In-house 방식의 조직구성 사례 ··· 108

[그림 2-6] In-house 방식 센터의 직무내용 ··· 109

[그림 2-7] In-house 방식 센터의 내부 구성 예 ··· 113

[그림 2-8] 전체 서비스 프로세스(재취업지원 중심)의 예 ································ 114

[그림 2-9] 재취업지원 프로세스의 예 ·· 115

[그림 2-10] 재취업 및 창업컨설팅 프로세스의 예 ··· 116

[그림 2-11] 컨설팅 역량강화 Basic Coursework의 사례 ······························· 118

[그림 2-12] 진로설계의 이해 ·· 124

[그림 2-13] 강의 평가 사례 ·· 138

[그림 2-14] 프로그램 사전 설문 사례 ································· 139

[그림 2-15] 취업알선 프로세스 사례 ································· 141

[그림 2-16] 구직활동 점검을 위한 체크리스트 사례 ········· 143

[그림 2-17] 전 행동의 구성요소 ··· 144

[그림 2-18] 재취업지원 상담의 요소 ································· 145

[그림 2-19] 상담 실적 관리의 예 ······································· 158

[그림 2-20] 전직 실적 관리의 사례 ··································· 159

[그림 2-21] 기업발굴 실적 관리의 예 ································ 161

[그림 2-22] 설문 결과의 사례 ·· 163

[그림 2-23] 프로그램 효과에 대한 설문 결과의 사례 ········ 163

[그림 2-24] 강의 평가결과의 사례 ····································· 164

[그림 2-25] 개편 후 프로그램 구성 ··································· 170

[그림 2-26] 전직지원컨설턴트에게 요구되는 지식, 기술 ····· 172

[그림 2-27] 역량강화프로그램의 예 ··································· 173

[그림 2-28] 전문가 양성 방안 ·· 174

재취업지원서비스의
이론과 실제

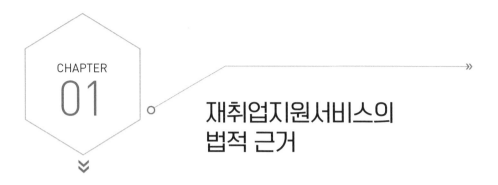

CHAPTER
01

재취업지원서비스의
법적 근거

1. 재취업지원서비스의 추진 배경

1) 인구구조와 노동시장 변화[1]

인구구조의 변화는 경제와 산업 전반에 영향을 미치는 매우 중요한 요인이다. 한국의 인구는 청년층의 늦은 노동시장 진입, 높아지는 초혼 연령, 양육부담 등에 따른 합계 출산율의 저하와 질병을 퇴치하는 의료기술 발달, 생활습관과 영양상태의 호전, 사망률의 감소 등의 다양한 변화가 나타나고 있다. 통계청 장례인구 추계 분석 결과에 따르면, 총인구는 2017년에 5,136만 명에서 2028년에 5,194만 명을 정점으로 감소할 것이며 2067년에는 3,929만 명이 될 것으로 예측되고 있다. 2029년부터 인구성장률은 감소세가 나타나기 시작하고, 2067년에는 -1.26%까지 성장률이 감소할 것으로 예측되며, 실제로 2019년부터는 자연감소가 이미 시작되었다.

특히, 65세 이상 고령인구의 증가로 인해 급격히 노령화되는 추세이다. 2000년에는 고령인구의 비율이 7% 이상인 고령화 사회(ageing society), 2018년에는 고령인구의 비율이 14%인 고령 사회(aged society)가 되었고, 2026년에는 그 비율이 20% 이상인 초고령 사회(super-aged society)가 될 것으로 예상된다. 고령인

---

1) 이 내용은 이영민 (2012). 인력 고령화 추세에 따른 기업의 인적자원관리 대응 방안, 이영민 (2018). 인력 고령화와 기업의 장년 근로자 활용 전략, 이영민 (2019). 전직지원서비스 발전 방안을 참고하여 작성하였음.

구의 증가로 인해 노동시장에서는 고령근로자가 계속 증가할 것으로 보인다. 2012년 이후 55세 이상과 55-64세 취업자 수는 계속 증가하고 있어 고령자 실업률은 OECD 국가들에 비해 낮으나, 자영업과 같은 비임금근로자와 임시직, 일용직, 특수고용형태 종사자들의 비율이 높은 편으로 일자리의 질은 저하되어 있다.

또한, 15-64세의 생산가능인구(Population in Working Ages)의 감소가 두드러지게 나타나고 있다. 생산가능인구의 경우, 2017년에 3,757만 명에서 2030년에는 3,395만 명으로 감소할 것으로 예상되고, 2067년에는 1,784만 명으로 급격한 감소가 이루어질 것으로 예측된다. 감소 폭을 보면, 생산가능인구는 2020년에 연평균 33만 명 감소하다가 2030년에는 52만 명이 감소할 것으로 예측된다. 특히 전체 인구 중에서 생산가능 인구가 차지하는 비율은 2010년에 72.8%에서 2060년에는 49.7%로 급격하게 감소할 것으로 예상된다. 또한, 한국경제의 핵심 노동력인 25-49세 인구는 2009년부터 감소하기 시작하여 2020-2030년까지 연평균 1.7% 수준으로 감소할 것으로 전망된다.

생산가능인구 수의 급격한 감소를 유발하는 원인은 베이비 붐 세대(baby boom generation)의 은퇴이다. 베이비 붐 세대는 한국전쟁 이후 1955년부터 1963년 사이에 출생한 사람들로서, 이 기간 동안 한국의 전체 인구수는 빠르게 증가하였다. 미국의 경우, 2차 세계대전 이후 1946년부터 1964년에 태어난 세대 코호트를 베이비 붐 세대라고 하는데, 대략 7,700만 명 규모로 2010년 기준으로 전체 인구의 30%를 차지하고 있다. 일본의 경우는 2차 세계대전 이후 1946년에서 1949년에 태어난 세대 코호트를 '단카이 세대'라고 하는데, 대략 680만 명으로 2010년 기준, 전체 인구의 5% 수준을 차지하고 있다. 한국, 미국, 일본의 베이비 붐 세대들은 전쟁 후 국가재건과 경제개발 시기에 태어나 어려운 시기를 거치면서 국가의 주된 생산인력으로 성장한 세대들이라는 공통점이 있다.

60세 정년 의무화로 베이비붐 세대의 대량 은퇴에 따라 장년 근로자를 노동시장에서 유지할 수 없게 되면서 노동력 부족과 숙련기술 단절 등으로 성장동력의 약화가 우려되고 있다. 장년 근로자의 손실은 두뇌유출과 같다는 주장이 있다. 이는 대부분의 장년 근로자는 장기간에 걸쳐 지식과 경험을 유지하고 있으나 이들이 퇴직하게 되면 생산성과 경쟁력의 손실이 발생될 수 있기 때문이다. 또한, 생산성과 나이와의 관계에서 연령에 기초하여 장년 근로자로 분류하는 것은 의미가 없고, 유전학, 건강습관, 질병, 환경에 따라 생산성이 달라진다고 보며 장년 근로자가 젊은 근로자보다 정서적으로 까다로운 상황에 더 잘 대처할 수 있어 가치가 있다는 주장도 있다.

그러나 노동현장에서는 장년 근로자에 대한 부정적인 인식이 있으며 이는 나이가 많으면 젊은 층보다 신체기능 저하 및 급변하는 노동시장에서의 적응 부족으로 생산성이 낮아질 것이라는 이유가 가장 크다. 특히, 연공급제 기반의 임금체계에서 핵심 인력의 상당수가 고령층으로 대체된다면 높은 임금과 더불어 낮은 생산성으로 기업 경영에 어려움을 유발할 수 있다.

또한, 고령화와 더불어 의료기술의 발달로 기대수명이 연장되면서 보다 오래 일하고자 하는 장년 근로자가 증가하고 있으나 이들의 고용 유지는 더욱 어려울 것이다. 그 결과, 고령자들이 은퇴 후 새로 구한 일자리는 숙련도가 떨어지는 단순 업무가 많고 작업환경이 열악한 임시직 및 일용직, 생계형 자영업에 종사할 가능성이 높다.

2) 정부의 정책 대응[2]

정년연장, 생산가능인구 감소, 은퇴연령 증가 등 장년 근로자가 노동시장에 지속적으로 생산 활동에 기여할 수 있는 기회가 증가하는 반면, 퇴직 준비 미비, 연금 고갈, 고령자의 부정적 인식 등으로 인해 소득 창출 기회는 감소하고 있다. 국가 관점에서는 이러한 사회, 경제적인 변화에 효과적으로 대응하는 수단으로 장년 근로자가 더 오래 계속해서 한 직장에 머물도록 하거나, 퇴직 후에도 경제 활동을 계속하도록 지원하는 방안에 관심이 높은 편이다. 이는 안정적인 연금운용뿐만 아니라 경제적 빈곤을 해소할 수 있고, 지속적인 자산형성을 통해 노년의 소득을 보장하기 위함이다.

근로자 개인 입장에서는 노후의 불안정한 소득구조, 부동산에 편중된 자산관리, 수명연장에 따른 생계 비용 지출 증가, 활기 있고 행복한 노후에 대한 기대, 일을 계속하고 싶은 욕구 등으로 노동시장 잔류를 희망한다. 특히, 한 직장에서

---

2) 이 내용은 박철우·이상희·이영민 (2018). 기업의 전직지원 서비스 제공 모델 및 의무 법제화 방안에 관한 연구, 이영민 (2019). 전직지원서비스 발전방안 외에 각종 정부문서 및 웹사이트들을 참고하여 작성하였음.

본인이 수행하던 직무 자체를 계속 수행할 수 있기를 기대하고 있다. 그러나 기업 입장에서는 정년연장에 따른 노동생산성의 하락, 연공서열형 임금체제에 따른 인건비 증가, 경기변동에 따른 인력조정 어려움과 경직성 증가, 장년 직무 재배치 등 인사관리상의 기회비용 증가를 우려하고 있다.

정부, 근로자, 기업, 노동조합 등은 고령 사회로의 전환과 노동기회 확보를 위해 다양한 처방들에 관심을 갖고 있다. 정부는 이러한 장년 근로자들의 생애소득을 보장하고, 경제활동 참여를 확대하며, 괜찮은 일자리에서 오랫동안 일하도록 하기 위해 각종 입법조치, 정책대안을 마련하고 있다. 정부는 사회보장보험제도 개편을 위해 사회적 대화를 추진하고 있고, 경제사회노동위원회의 산하에 국민연금 개혁과 노후소득보장 특별위원회(연금특위)를 발족하였다. 이 위원회에서는 국민연금의 노후소득보장 역할 강화와 지속가능성, 노후소득보장을 강화하는 방안을 논의하였다. 그러나 최종 합의에는 이르지 못한 채, 보험료율 12%와 소득대체율 45% 안을 다수 안으로 제시했다.

또한, 정부에서는 정년연장에 따른 기업부담을 줄여주기 위해 고용장려금 대상과 예산 확대(계속고용장려금 등), 공공고용서비스 전달체계 개편, 일터혁신 컨설팅을 통한 기업제도와 문화 개선, 금융과 조세제도 보완, 임금체계 개편 등을 중점적으로 추진하고 있다. 특히, 일터혁신 컨설팅 사업은 노사발전재단 주관으로 시행되고 있으며, 사업장 맞춤형 컨설팅을 지원하여 근로자의 전문성을 높이고, 일과 삶의 조화를 추구하며 사업장의 경쟁력을 강화하기 위한 목적으로 운영되고 있다. 일터혁신 컨설팅 사업에서는 임금·평가체계 개선, 노사파트너십 체계 구축, 장시간 근로 개선, 고용문화 개선, 일가정 양립, 평생학습체계 구축, 작업조직·작업환경 개선, 장년고용안정체계 구축 사업을 실시하고 있다.(자세한 내용은 노사발전재단 홈페이지 참조)

그밖에도 정부는 장년 근로자의 원활한 퇴직 준비와 전직지원 기회 확대를 위해, 기본계획 수립을 통한 정책 기반 조성, 다양한 전직지원서비스 개발·시행, 전직지원을 위한 공공인프라 확충과 재정투입, 법률 개정을 하였다. 고용상 연령차별금지 및 고령자고용 촉진에 관한 법률, 약칭 고령자고용법(민간에서는 전직 의무화법으로 혼용)을 개정하여, 장년 근로자의 재취업을 지원하고자 하였다. 이 법이 개정되기 전에 정부는 2017년 8월 신중년 인생 3모작 기반 구축 방안을 발표하여 인생 3모작에 맞도록 생애경력설계 및 노후준비 맞춤 서비스, 생애경력경로 준비를 위한 인프라 보강, 생애경력설계서비스 제공 등을 추진하였다.

또한, 2017년 10월에는 일자리정책 5년 로드맵을 발표하여, 신중년의 사회안전망과 재취업을 지원하고, 생애경력설계, 직업훈련, 취업알선의 패키지 지원을 확대하는 전직지원서비스 강화 방안을 발표하였다. 아울러, 2017년 12월에는 제3차 고령자 고용촉진 기본계획을 수립하여, 주된 일자리에서 오래 일하기, 장년 특화 훈련 확충 및 능력개발 여건 조성, 전직 준비 기반 마련 및 재취업지원, 퇴직자에 대한 일자리 및 사회공헌 기회 확대, 초고령 사회를 대비한 인프라 구축을 추진하였다. 2018년 8월에는 신중년 일자리 확충 방안을 발표하여, 일자리사업 확대, 특화훈련 강화, 민간일자리 지원 등을 중심으로 주된 일자리에서 퇴직하고 재취업 일자리 등에 종사하며 노동시장 은퇴를 준비 중인 과도기 세대인 5060세대 지원 확대 방안을 발표하였다.

정부는 장년 일자리 확대를 위해, 재취업 등 전직지원서비스 확대, 장년 적합 직무에 대한 직업훈련 강화, 기업의 고용연장과 장년인력관리에 대한 컨설팅 제공, 사회공헌활동 지원 등을 실시하는 중이다. 대표적으로 중장년 일자리희망센터를 설치하여, 퇴직 혹은 퇴직예정인 40세 이상 장년의 재취업, 창업, 생애설계, 사회참여 등의 종합적인 전직지원서비스를 제공하고, 금융에 특화된 센터뿐만 아니라 지역사무소 등을 개소하여 서비스 범위를 확대하고 있다. 개별 사업 단위에서는 디지털정보 활용능력이나 직종별 특화훈련 기반을 마련하여 장년층에게 필요한 훈련과정을 충분하게 공급하도록 노력하고 있고, 신중년 직업훈련교사 양성, 한국폴리텍 신중년 특화캠퍼스 사업 확대 등 직업훈련 기회를 확대하였다.

정부는 전직지원서비스 확대, 장년 적합 직무 직업훈련 강화, 기업의 고용연장과 장년인력관리 컨설팅 제공, 사회공헌활동 등을 종합적으로 지원하기 위한 인프라와 사회보장시스템을 개편하고자 하였다. 2018년에는 고용센터 혁신방안을 발표하였는데, 고용센터의 활성화 기능 강화, 고도화된 온라인 고용서비스 제공, 민원서식 간소화, 챗봇 도입 등을 추진하였다. 2019년에는 공공고용서비스 발전방안을 발표하여, 민간고용서비스 기관 인증평가, 품질인증제, 고용복지＋센터의 기능 강화, 중장년일자리희망센터 역할을 부여하고자 하였다.

최근에는 국민취업지원제도를 도입하여, 한국형 실업부조제도의 기틀을 마련하였다. 이 제도에서 Ⅰ유형은 취업지원 서비스와 소득지원(구직촉진수당)을 제공하고 Ⅱ유형은 취업지원 서비스를 중심으로 지원하고 있다. 중앙정부 외에도 지방자치단체에서 중장년의 퇴직 지원, 전직지원 제공, 사회참여 확대, 재취업알선사업 확대를 위해 다양한 서비스를 개발하여 제공하고 있다. 서울시는 50＋재단을 설립하여, 50대 이상의 장년층을 대상으로 일자리 사업 소개, 적합 일자리 모형 발굴, 사회 공헌형 일자리 발굴과 확산, 앙코르커리어 전환지원, 50＋ 일자리 인프라 구축 등의 사업을 추진하고 있다.

경기도는 일자리재단을 중심으로 40세 이상 장년층을 대상으로 전업 및 재취업지원 등의 서비스를 제공했는데, 시군일자리센터를 연계하고, 4050전담 상담사를 배치하며, 직업트렌드 파악 및 분석내용을 제공하고 있다. 충청남도는 충남인생이모작지원센터를 중심으로 도내 유관기관들과 협업하여 장년의 일자리 창출, 전문강사 양성, 귀농, 귀촌 사업, 인생설계지원사업 등을 추진하고 있다.

3) 기업의 장년 인력관리[3]

산업 전반에 걸쳐 인력 고령화 추세에 직접적인 영향을 받는 일부 기업들은 정부의 직접적인 제도 개선 노력과는 별개로 인적자원관리 측면에서 다양한 해결책을 적극적으로 모색하고 있다. 그러나 다수의 기업들은 인력 고령화가 초래할 부정적인 결과들에 대한 인식이 부족하고, 체계적인 회사정책 마련에도 소극적이다. 아울러 노동조합의 경우, 회사가 인력 고령화를 인력조정의 동인으로 활용할지 모른다는 회의적인 시각이 상존하고 있고, 임금보전을 전제로 한 정년연장의 관점에서만 바라보기를 기대하고 있다. 연공서열에 의존한 기업의 경직된 인적자원관리시스템으로는 인력 고령화 추세에 선제적으로 대응하기에 미흡하다는 비판도 제기되고 있다.

그러나 인구의 고령화로 인해 퇴직과 개인연금시장의 확대, 실버산업의 비즈니스 기회 창출 등과 같은 경영환경의 긍정적인 측면도 나타나고 있다. 특히 기업의 인력관리와 활용 측면에서는 평균 연령과 근속연수 증가에 따라 숙련된 인력이 지속적으로 증가하고, 이들의 이직률도 낮게 나타나서, 인적자본의 개발과

---

3) 이 내용은 이영민 (2015). 생산가능인구 감소시대에 대비한 장년 연구개발 인력 활용 모델 연구, 이영민 (2012). 인력 고령화 추세에 따른 기업의 인적자원관리 대응 방안을 참고하여 작성하였음.

관리 효용성이 증대될 수 있다. 또한, 기업은 중·고령 근로자들의 높은 숙련 수준 외에도 조직몰입과 직무 충실성의 증가, 원만한 대인관계, 성실한 근무태도, 일에 대한 열정과 책임감, 폭넓은 사회적 네트워크, 신입직원들에 대한 존경받는 역할 수행 등의 효과성을 기대할 수 있고, 중·고령 근로자를 별도로 채용하는 경우에는 고용형태나 근무조건에 대한 원만한 협의가 가능하여, 비교적 낮은 임금에 숙련도가 높은 인력을 획득하는 장점도 있다.

중·고령 근로자를 활용할 경우 다양한 장점들을 기대할 수 있다. 먼저 이들의 높은 직업의식과 윤리로 인해 일을 믿고 맡길 수 있고, 정확하고 신뢰할 수 있는 성과를 산출할 수 있으며, 확실한 지식, 스킬, 태도에 기초하여 일을 하기 때문에 실수가 적으며, 일에 대한 책임감, 양심, 책무성도 높다. 또한, 조직에 대한 충성심, 헌신, 열정이 남다르고 이직 가능성이 낮아 핵심인력으로 기업 인력을 확보하는 데 유리하다. 그 밖에도 협업을 통해 직무를 수행할 때 뛰어난 팀워크와 태도를 보이고 서로 다른 배경을 가진 사람들과도 합심하여 일을 할 수 있는 능력이 높으며 지역을 기반으로 연고를 가지고 있어 지역기업을 위한 훌륭한 자원이 된다. 또한, 젊은 근로자들에게 멘토로 활동할 수 있으며, 삶과 일에 대한 다양한 경험을 통해 성과를 높일 수 있다.

한편으로는 기업이 중·고령 근로자에 잘못된 가정과 신화를 가지고 있다는 주장도 제기되고 있다. 고령 근로자는 일과 관련된 내면의 상처가 많고, 고령 근로자는 모두 동일한 사고방식과 행동을 하며, 고령 근로자는 새로운 프로세스나 스킬을 배우려는 의지가 없다고 인식되고 있다. 또한, 고령 근로자는 새로운 접근방법이나 테크놀로지를 회피하고, 기억력이 떨어지며, 곧 일을 그만둘 것이기 때문에 교육에 투자할 가치도 없다는 생각이 만연해 있다. 아울러 고령 근로자는 덜 생산적이고, 고객들에게 무뚝뚝하며, 융통성도 없다고 인식되고 있다. 다수의 연구자들은 이러한 잘못된 가정과 신화 때문에 중·고령 근로자들이 작업현장에서 차별적인 대우를 받고 있다고 주장한다.

그러나 급속한 고령화에 따른 임금의 상승, 노동생산성의 감소, 고령인력 친화적인 근무환경 마련, 정년연장에 대한 근로자의 요구, 인건비 부담에 따른 숙련인력의 재고용 주저, 연공서열형 인사관리시스템의 인사적체, 기업문화의 변화 등과 같은 부정적인 측면도 지속적으로 부각되고 있다. 특히 급격한 고령화에 따라 인건비를 감당하기 위해 청년층에 대한 채용을 축소하고 숙련 고령인력에 대한 재취업도 실시하지 않는 등 다른 연령대의 노동인력 수급에도 부정적인 영향을 미치고 있다. 또한, 직무에 대한 열정이나 의지가 젊은 시절보다 낮아지고, 새로운 지식이나 스킬을 학습하려는 능동적인 노력이 젊은 근로자들보다 낮다는 비판적인 시각도 있다.

인력 고령화와 관련하여 기업이 전략적 인적자원관리 측면에서 당면하고 있는 문제점들을 상술하면 다음과 같다. 첫째, 노동생산성의 감소와 관련이 있다. 고령화에 따른 생산성 하락의 경우 50대 이상 취업자의 비중이 1% 상승하면 노동생산성은 0.21% 하락하는 것으로 나타나고 있는데, 2010년 대비 2020년에는 고령화 진전에 따라 전반적인 노동생산성이 1.8% 이상 감소할 것으로 예상된다. 구체적으로 다른 조건들이 동일할 경우, 50대 이상의 취업자 비중은 2010년 31.8%에서 2020년 40.7%로 증가했고, 이에 따른 생산성 하락 폭은 −1.8%에 이를 것이며, 50대 이상의 취업자 비중이 더욱 증가하는 2020년에는 그 비중이 40.7%에서 2030년 47.1%로 증가하면서 생산성 하락 폭은 −1.3%에 이를 것으로 예측된다.

둘째, 임금상승과 평가보상의 문제점이 부각되고 있다. 인력의 고령화에 따라 근로자의 임금 인상 욕구는 증가하고 고용안정에 대한 요구도 높아지게 된다. 그러나 기업의 경우, 이에 따른 인건비와 관리비용 증가 및 시설, 장비 개선 등의 비용을 부담해야 한다. 또한, 보험 및 자녀교육비 등의 부가급여(fringe benefit)항목에서는 젊은 인력에 비해 상대적으로 중·고령 인력의 고용비용이 더 소요되는데, 기업은 임금만큼 보험·교육비 등 부가급여의 부담도 심각하게 인식하고 있다. 현재 중·고령 근로자에 대한 임금 인상은 노동생산성을 반영하지 않고 연령이나 근속연수를 기본으로 임금을 조정하기 때문에 숙련수준, 역량, 직무가치, 업적평가에 따른 결과반영이 미비한 채 이루어지고 있다. 연령대별 임금과 생산성 비교 조사 결과에서도 연령이 높을수록 생산성보다 임금 증가가 높게 반영되는 것으로 나타났다.

셋째, 정서적, 신체적 문제이다. 고령화된 인력들의 경우, 새로운 일에 대한 의욕이나 호기심이 적고, 변화에 대한 적응력이 떨어지며, 작업능력이나 능률이 낮은 것으로 인식되고 있다. 또한, 체력문제로 힘든 작업이 곤란하며, 이에 따라 보임, 배치, 처우설정이 어려워 작업지시가 곤란하고, 대인관계에 있어서도 협조성이 결여되었다는 비판이 제기되고 있다. 또한, 생산성에 비해 임금이 너무 높고,

중·고령 근로자가 근무할 경우, 사고가 자주 발생한다는 비판적인 의견도 있다.

넷째, 인적자원관리와 조직문화의 불안정성 증가이다. 기업은 중·고령 근로자를 고용 유지하는 데 있어 가장 큰 문제점 중 하나로 역량 부족 문제를 제기하고 있다. 중·고령 근로자가 보유한 역량과 기업의 요구 역량 간에 불일치(mismatch)가 일어나고 있으며, 정년연장 실시를 결정할 때도 역량문제로 노사관계의 마찰이 발생하기도 한다. 또한, 인력수급 측면에서는 중·고령 근로자가 일시에 대량 퇴직을 하면서 노동공급 자체가 감소하며, 다시 대규모 채용과 구조조정을 반복하는 등의 인적자원관리상의 불안정성이 증가하게 된다.

아울러 연공서열형 임금체계와 인력구조 개편이 쉽지 않으면서 고임금 근로자의 양산과 인사적체 현상이 빈번하게 나타난다. 승진자 부족, 승진 탈락, 승진 불가 인력의 승진시스템의 불확실성이 높아지고, 인사적체에 따라 조기퇴직이 장려되면서 정년제도 자체가 유명무실해질 가능성도 높아진다. 인사적체 현상이 나타나면 유능한 핵심인력들은 다른 기업으로 이직할 가능성이 높아지며, 승진자 선정과 발표 시에도 객관적이고 합리적인 기준이 제시되지 않으면 기업 구성원들의 잠재적인 불만이 증가하는 등 회사 충성도에 부정적인 영향을 미칠 수 있다.

다섯째, 경영진과 관리자들이 인력 고령화에 대한 인식이 부족과, 업종·기업규모에 따른 고령화에 대한 인식 괴리이다. 특히 저임금 업종이나 영세한 중소기업들의 경우 중·고령 인력이라고 할지라도 젊은 인력들과의 임금수준 격차가 크지 않기 때문에 심각하게 받아들이지 않는 경향이 있다. 심각하게 인식하는 기업조차도 장기고용 관행과 경직적인 노사관계로 인해 중·고령 인력의 인위적인 인력조정이 어려워 포기하는 경우도 있다. 인력 고령화에 대한 심각성에 대한 주요 업종별 고령화 실태조사 결과, 5점 만점에 자동차업종은 3.5점, 조선업종은 3.6점, 일반기계업종은 2.9점, 섬유업종은 3.1점 수준으로 보통 수준으로 나타났다.

기업단위의 장년고용 전략의 방향은 성과 중심의 인사평가 도입, 고용 안정성 중심으로의 전환, 장년 친화적인 인력관리 체계의 수립, 장년 근로자를 활용하는 다양한 제도들의 정합성 확보, 사회적인 이해도를 높여 장년 근로자 활용의 확산 등이다. 이러한 원리와 방향을 토대로 장년 근로자를 체계적으로 활용할 수 있는 전략들을 개발하였다. 이 글에서 제시한 전략 구성을 위한 방향은, 첫째, 생산성을 지속적으로 높이기 위해서는 성과에 기반한 인사평가체계를 갖추어야 한다. 장년 근로자들이 지속적인 생산성 향상에 기반하여 실적 위주의 보상을 실시해야 한다.

둘째, 장년 근로자의 지속적인 경력개발 기회를 확대하고 업무활동을 강화하기 위해서는 특정한 기관 중심, 정년보장 중심에서 일자리 보장 중심의 인사관리 체제로 전환해야 한다. 즉, 장년 근로자가 특정한 기관, 특정한 직무에서 어떠한 역량을 발휘하든지, 생산성에 기반한 지속적인 고용이 안정적으로 유지되고, 이를 통해 창의적인 업무수행이 가능하도록 제도를 개선해야 한다. 예컨대, 50대 중반에 퇴직하여 다른 기업에 재취업을 할 경우라도 과거에 자신이 수행했던 일과 유사한 일을 한다면, 일자리가 보장된 것으로 간주해야 한다.

셋째, 장년 근로자 친화적인 인력관리 제도를 구축해야 한다. 장년에 도달했을 경우 연구개발, 생산관리, 설계 등에 몰입할 수 있는 직책을 부여하거나, 승진경로를 제공하거나 관리직으로 승진하여 행정지원을 실시할 수 있도록 경력관리를 실시해야 한다. 경력정체가 발생하지 않고, 장년 근로자가 자신에게 적합한 경력경로를 선택할 수 있으며 적절한 평가보상시스템이 갖춰진다면 장년 근로자에게 보다 친화적일 것이다. 또한, 50세 이후에 인생 2막을 준비하거나 재취업을 위해 근로시간을 탄력적으로 단축한다든지, 정년퇴직을 한 후에도 자회사로 재취업하거나 별도의 계약을 통해 계속해서 일할 수 있는 기회를 제공한다면, 장년 근로자들의 동기부여와 사기진작에도 기여할 수 있을 것이다.

넷째, 장년 근로자들의 고용률을 제고하기 위한 다양한 고용연장 조치, 고용장려금 등 보조금 지급, 인력관리 정책들 간의 정합성을 높일 필요가 있다. 장년 근로자 활용에 대한 기업의 다양한 요구를 참고하고, 급변하는 작업환경에 적절하게 대응하기 위해서는 기존에 도입한 제도와 사업들을 면밀하게 검토해야 하며 장년 근로자 활용을 위한 실효성 있는 방안들을 마련해야 한다. 이미 실행 중인 제도들도 검토하여 장년 근로자를 위한 맞춤형 제도들로 재설계해야 한다.

다섯째, 정부, 기업, 공공기관 등 장년 근로자를 고용하는 다양한 대상들의 이해도와 공감대를 높이고 적절한 파트너십을 확산해야 한다. 장년 근로자 활용에 대해 회의적인 관점을 가진 기업 경영진의 인식을 전환하고, 연공서열에 기반한 사회 속에서 장년 근로자를 인정하기 위한 사회문화 시스템 전반의 혁신도 필요하다. 특히 이들 주체들의 장년 근로자 활용에 대한 전략을 통일하고, 바람직하지 못한 여건을 개선해야 하며, 사회문화적인 운동 차원의 혁신도 필요하다.

〈표 1-1〉 장년 근로자 활용을 위한 방향

방향	내용
성과 중심의 인사평가	장년의 생산성을 지속적으로 유지하기 위한 실적 위주, 성과 기반 인사평가 및 보상
고용 안정성 제고	특정 기업 중심, 정년보장 중심에서 고용 기회 확대로 전환, 일자리 보장
장년 친화 인력관리	장년의 경력경로 다변화, 근로시간 단축, 정년퇴직 후 고용 기회 확대
제도 간 정합성 제고	고용연장 지원, 고용장려금 지급, 인력관리 제도들 간 정합성 제고
사회 공감대 형성	정부, 기업, 공공기관, 대학 등이 장년 근로자 활용에 대한 사회 공감대 형성

(1) 전략 1: 내부 정년 달성형 전략

장년 근로자가 60세 정년 달성 시까지 자신이 일하던 기업에서 퇴직을 할 수 있도록 지원하는 전략이 '내부 정년 달성형 전략'이다. 장년 근로자를 고용한 기업, 공공기관, 민간기업의 경우, 생산성이나 임금상승 이슈로 인하여 장년 근로자를 지속적으로 고용하는 데 부담을 가지게 되어, 일방적인 인력 구조조정을 추진하거나 일정정도 비용을 지급하여 자발적인 퇴직을 유도하는 경우들이 있다. 또한, 기업은 장년 근로자가 확대되면서 인력의 고령화가 진행되고, 이에 따라 조직문화가 여전히 연공서열형으로 고정화되어 창의적인 업무활동이 어려워지는 것을 우려하고 있다.

정년연장으로 인해 직무 생산성의 저하, 임금의 지속적인 상승, 수직적인 연공서열형 문화의 고착, 능력에 맞는 직무배치 곤란, 청년에 대한 신규 채용 저조, 산업재해 증가와 작업환경 개선 미비 등과 같은 다양한 문제가 나타날 수 있다. 그러나 일자리의 안정적인 유지, 기업들의 사회적 책임 강화, 장년층에 대한 사회적 배려, 장년 근로자에 대한 보상, 신세대와 구세대 간 지식과 노하우 전수 등의 긍정적인 측면을 고려했을 때 기업 내부에서는 정년을 달성하는 제도를 설계할 필요가 있다.

기업 내부에서 60세 정년을 완전히 달성하기 위한 내부 정년 달성형 모델에는 임금체계 재설계, 일정 연령에서 직책을 그만두는 역직정년제도, 장년 근로자를 위한 적합 직무 배치와 조정 등의 제도 개선이 포함된다. 첫째, 연공형 임금체계로 인해 장년 근로자들의 강요된 퇴직이 일상화되고 있는데, 이를 개선하기 위해서는 이들의 생산성에 부합하도록 임금체계를 개편해야 한다. 임금체계 개편은 정년연장을 달성할 수 있을 뿐만 아니라, 기업의 자발적인 참여를 확대 할 수 있는 기회가 될 것이다.

임금 피크제는 장년 근로자의 안정적인 작업환경과 고용유지를 위해 필수적 으로 도입해야 하는 제도이다. 임금 피크제는 기관 및 조직의 특성이나 문화에 따라 크게 세 가지 형태로 구분할 수 있다. 특정한 연령대(예, 50세, 55세 등)에 이르렀을 때 임금상승이 중지된 채로 정년 60세까지 임금이 그대로 유지되는 형 태, 특정한 연령대부터 정년 시까지 매년 5-10%씩 고정적으로 임금이 삭감되는 형태, 특정한 연령대(예, 50-52세)까지는 30%, 그 이후에는 격년별로 20%, 15%, 10% 형태로 지속적으로 감액하는 형태의 피크제가 있다. 또한, 인력의 생산성에 맞게 계단식 임금조정을 하거나, 성과급 비율을 높이는 응용된 형태의 운영도 가능할 것이다.

둘째, 연공개념을 최소화하면서 장년 근로자들의 고용을 유지하기 위해 직 책, 역할, 직무 등을 조정하는 역직정년제도를 내부 정년달성 방안으로 검토할 필요가 있다. 한국의 직급제도는 직무 자체의 가치보다는 인적가치를 중요시하 는 연공서열 중심의 직급 및 승격제도이다. 이러한 제도하에서는 승진과 승급을 하지 못하거나 인사적체가 누적될 경우, 장년 근로자들은 정년을 보장받기 어려 운 상황이다. 따라서 일정한 직책과 직급에서는 정년제도를 적용한 후, 일정 연 령 이후에는 직책이나 직급이 없는 평범한 인력으로 경력경로를 선택하는 것이 정년보장을 위해서 중요하다.

역직정년제도는 50세 이후의 장년들을 대상으로 특정한 연령대나 직급에 이 르렀을 때, 해당 직책을 더 이상 수행하지 않는 형태의 제도 운영방식이다. 장년 근로자의 생산성과 관리능력을 고려하여, 특정한 연령부터는 직책이나 보임을 하지 않고, 일반 인력으로 활동하는 것이다. 역직정년제도와 임금체계를 병렬적 으로 함께 운영하면 앞서 제시한 임금체계 개편을 실질적으로 운영할 수 있을 것이다. 역직정년제도는 특정 연령 중심의 운영 외에도 직능 자격, 역할 등급, 역량 등급제 등과 같은 직급 체계 설계를 고려하여 운영하는 것이다. 예컨대, 인 력의 역량이나 역할을 고려하여 역직정년제도나 직책별 임기제도를 운영하는 것도 한 방안이 된다.

셋째, 생산성, 연령, 임금 등을 기반으로 직무의 가치를 평가하여 장년 근로자들에게 적합한 직무를 발굴하거나 개발하는 적합 직무개발과 배치가 한 방안이 될 수 있다. 장년의 직무수행 능력을 평가하여, 이들에게 적합한 직무로 배치하는 것이다. 전문지식과 숙련된 기술이 필요한 직무의 경우, 이들의 직무수행 능력과 전문성을 고려하여 전문직으로 임용하는 것도 가능하다. 기존의 직무 중 장년 적합 직무를 발굴하거나 기존 직무를 분할하여 새로운 직무로 개발하는 것도 가능하다. 그런데 직무배치 시에는 해당 기관의 인사규정이나 취업규칙 정비가 필요하고 장년 근로자의 의지나 동기수준이 낮아질 수도 있으므로 사전에 직무에 대한 안내와 배치 사유 등을 명확하게 설명하는 절차가 필요하다.

(2) 전략 2: 외부 연계 정년 달성형 전략

외부 연계 정년 달성형 전략은 기업 내부에서 장년 근로자들을 고용하고 정년을 유지시키는 모델이 아니라, 특정한 조직과 관련된 외부기관들과 연계하여 장년 근로자들의 업무 기회를 확대하는 방안이다. 이 전략에서는 인력의 출향제도 활성화, 협동조합 등을 활용하는 것이다. 출향제도는 노동인력을 재배치하는 인사관리의 한 방안으로, 한 조직에서 근로하던 인력을 다른 조직에 일시적 혹은 영구적으로 배치하는 관리방법이다. 출향제도는 장년 근로자와 모 기관의 계약관계와 고용 유지 수준에 따라 재적 출향과 전적 출향제도로 구분하여 시행할 수 있다. 재적 출향은 자신의 기관이나 기업 소속을 유지하면서 자회사, 지역 기관 등의 관계 회사에서 일정기간 동안 근무하는 것으로 의미하고, 전적 출향제도는 출향을 보내는 기관이나 기업과 고용관계를 종료시키고, 출향 가는 자회사 및 관련 기업 등과 새로운 고용관계를 맺고 그 조직에서 근무하는 방식이다.

예컨대, 장년 근로자가 특정 프로젝트 수행을 위해 A라는 기관에 소속이 된 상태에서 B 기관으로 일시적으로 파견되어 근무하면 재적 출향이 되고, A 기관과 관련된 지역의 기관으로 원적을 이동하면 전적 출향이 된다. 장년 근로자가 특정한 연령이나 직급에 이르렀을 때, 전적 출향제도를 통해 지속적으로 작업활동 기회를 보장할 수 있을 것이다. 대학이나 공공기관들의 경우, 기술이전을 실시했던 중소기업이나 장년 근로자를 원하는 기관들을 중심으로 출향하는 것을 지원해야 한다. 출향 시에는 원 소속 기관의 동의가 필요하며 직급이나 임금을 상승시키도록 하고, 기술유출을 대비한 보안문제 등을 해결해야 한다. 특히 민간기업에서 전적 출향제도를 활용할 시에는 기술유출의 문제를 명확히 해결해야 한다. 또한, 출향기관으로 전적 시에 다수가 관리직의 업무를 수행해야 할 가능성도 있으므로 사전 안내와 교육이 필요하다.

전적 출향제도가 인력의 외부고용을 활성화할 수 있는 대안적인 방법이라면, 협동조합은 최근 과학기술계의 주목을 받는 외부 연계를 통한 정년 달성방법이다. 협동조합을 통해 장년 근로자의 지식과 경험을 사회와 공유할 수 있는 방안을 모색할 필요가 있다. 협동조합은 실제 위탁과제를 수행하거나 기술이전, 생산화 지원, 장비 운영 및 측정 서비스 등의 연구개발 지원도 가능할 것이다. 또한, 기업문화 홍보 등 문화 확산에도 기여하는 협동조합을 구성할 수 있을 것이다. 장년 근로자들이 퇴직 전, 협동조합 발굴과 육성에 참여할 수 있도록 교육프로그램을 운영하도록 하면 실패를 줄일 수 있다. 또한, 장년 근로자들만 참여할 수 있는 장년 협동조합을 정책적으로 육성하고 지원한다면 외부기관과 연계하여 정년을 달성할 수 있는 가능성도 높다.

(3) 전략 3: 정년 연장형 전략

정년 연장형 전략은 재고용형 인력 활용 전략으로, 60세 정년 이후에도 지속적으로 일할 수 있는 기회를 확보하는 방법이다. 현재 대다수의 민간 기업들의 정년퇴직 연령은 아직까지 50대 초반이다. 따라서 정년 60세 이후에도 지속적인 고용 기회를 확대하기 위해서는 고령근로자가 재직 단계에서 다양한 역량평가 제도를 구축하고, 우수한 인력들은 정년 60세 이후에도 계속해서 근무할 수 있는 기회를 제공해야 한다. 그런데 재고용 전략의 경우, 공공기관, 대학, 민간기업의 정년 연장형 제도의 활성화 자체가 어려울 수 있으므로 몇 가지 원칙을 정하여 제도를 운영할 필요가 있다.

먼저 45세에서 50세 이후 장년기에 진입하는 경우, 명확한 직무평가를 통해 현재의 능력과 미래 역량 수준을 파악할 필요가 있다. 이러한 평가결과를 토대로 정년 이후에도 재고용이 가능한 대상자인지 여부를 판단할 수 있을 것이다. 다음으로, 고령근로자의 재고용이 신규 청년인력의 채용 감소로 이어지지 않도록 임금체계를 개편할 필요가 있다. 또한, 재고용 시에는 기존 직무를 계속 수행할 수 있도록 하되 지속적인 역량개발 기회를 제공하고, 직무가 재배치되는 경우, 기존에 정해진 계약기간 외에도 고용계약기간을 증가시켜 직무배치에 따른 만족도 저하를 예방해야 한다.

현재 장년 근로자들의 정년연장은 특정한 일부 기관에서만 이루어지고 있거나 객관성이 부족한 선발관리 체계에서 일부 근로자들에게만 제공되고 있는 문제점이 있다. 또한, 정년연장의 평가 기준이나 임금 및 연금제도 등이 표준화되어 있지 않아서 불공정한 선발의 가능성마저 있다. 따라서 장년 근로자의 노하우 활용이라는 기본 전제하에서 이들의 생산성이 수반할 수 있는 정년 연장형 전략을 고려할 필요가 있다. 채용 및 선발, 임금 및 보상, 역량개발, 직무배치 등의 인력관리 요소들을 종합적으로 고려하여 제도를 설계하고 운영할 필요가 있다.

(4) 전략 4: 전직지원형 전략

기업은 장년 근로자의 지속적인 고용이 인력관리 비용을 증가시킨다고 예상한다. 특히, 민간기업들의 경우에 사업 재편 또는 인력조정으로 기업의 경쟁력을 강화하기 위해 노력하지만 장년 근로자의 고용유지에 따른 부담이 높다고 인식하기 때문에 상시적인 구조조정을 모색하고 있다. 그러나 장년 인력을 강제로 구조조정하는 것은 한계가 있으며, 인력조정을 한다고 하더라도 퇴직 예정 인력에 대한 조직 차원의 배려가 미흡하다면 고용불안감이 확산되어 재직상태인 전체 인력들에게도 부정적인 영향을 미칠 것이고, 이는 결국 기업 경쟁력을 약화시키는 요인이 될 것이다.

기업은 전직지원서비스를 통해 퇴직 예정 인력의 새로운 출발을 지원하고 이를 통해 인력 효율화에 따른 반감을 최소화하면서 기관의 생산성을 지속적으로 유지할 수 있을 것이다. 전직지원서비스는 퇴직에 대한 심리적·재정적 도움과 함께, 조기에 재취업할 수 있도록 각종 구직활동 지원을 의미하며 해고로 인한 심리적인 충격을 경감시켜 주는 심리적인 지원과 함께 해고자가 재취업할 수 있도록 다양한 종류의 전문적인 지원을 제공하는 프로그램이다. 최근에는 퇴직 예정자들에 대한 일시적인 퇴직 지원 외에도 장기교육이나 유급 학습휴가 제도 등의 사전 지원도 함께 제공하는 것이 일반적이다.

특히 한정된 직무 중심의 능력개발 및 경력개발 교육프로그램에서 탈피하여 기본적인 경력을 바탕으로 심화된 경력을 개발할 수 있는 장기 교육프로그램의 개발에 대한 요구가 높아지고 있다. 이를 위해 퇴직 희망자에 대해서는 일정 기간 동안 유급으로 능력개발 기회 및 학습 휴가 제도를 제공하여 장년 근로자의 고용 가능성을 제고하고 평생 경력개발이 가능하도록 지원해야 한다. 또한, 퇴직 전 일정 기간 동안 이직이나 창업을 준비할 수 있도록 유급 휴가를 제공하여 단순 장기 교육프로그램과는 차별화된 서비스를 제공해야 한다. 지금까지 제시한 장년 근로자의 활용전략과 내용을 요약하면 아래와 같다.

〈표 1-2〉 전략별 내용

전략	내용
내부 정년 달성형 전략	임금체제 개편, 역직정년제도 도입, 직무개발과 배치 등을 통해 기업 내부에서 지속적인 직무활동 기회를 부여
외부 연계 정년 달성형 전략	전적 출향제도, 사회적 협동조합 등을 활용하여 원소속 기관과 연계한 생산 활동 참여 기회를 제공
정년 연장형 전략	재취업을 전제로 직무평가, 임금제도 개편 등을 통해 지속적인 생산 활동이 가능하도록 하는 기회 부여
전직지원형 전략	퇴직 (예정) 장년 근로자들에 대한 취업과 창업 서비스를 제공하고, 전직할 기회를 확대하여 지속적인 고용이 가능하도록 지원

2. 장년 근로자 재취업 법제화의 경과

1) 법령 개정

1991년 12월 31일에 제정된 고용상 연령차별금지 및 고령자고용촉진에 관한 법률(약칭 고령자고용법)은 고령자의 비율 증가와 취업난, 인력 부족 현상을 해소하기 위한 법으로서 고령자에 대한 정부의 취업지원, 고용안정, 국민경제 발전을 유도하기 위한 법이다. 고령자고용법은 본문 5장과 부칙으로 구성되어 있는데 1장은 총칙으로 고령자고용법의 목적, 정의, 정부의 책무, 사업주의 책무 및 고령자 고용촉진 기본계획의 수립, 모집·채용 등에서의 연령차별 금지, 차별금지의 예외, 진정과 권고의 통보, 시정명령, 시정명령 이행상황의 제출요구 등 해고나 그 밖의 불리한 처우의 금지에 관한 조문들로 구성되어 있다.

2장은 정부의 고령자 취업지원에 관한 내용으로 구인·구직 정보수집, 고령자에 대한 직업능력 개발훈련, 사업주에 대한 고용지도, 사업주의 고령자 교육·훈련 및 작업환경 개선에 대한 지원, 고령자의 취업알선 기능 강화, 고령자 고용정보센터의 운영, 고령자인재은행의 지정, 중견전문인력 고용지원센터의 지정, 고령자인재은행 및 중견전문인력 고용지원센터의 지정취소 등 고령자 고용촉진을 위한 사업에 관한 조문들로 구성되어 있다.

3장은 고령자의 고용촉진 및 고용안정에 관한 내용으로 사업주의 고령자 고용 노력의무, 사업주의 고령자 고용현황의 제출, 고령자 고용촉진을 위한 세제지원, 우선고용직종의 선정, 우선고용직종의 고용, 고용 확대의 요청 등 내용 공표 및 취업알선 중단에 관한 조문들로 구성되어 있다. 4장은 정년에 관한 내용으로 정년연장에 따른 임금체계 개편, 정년제도 운영현황의 제출, 정년퇴직자의 재고용, 정년퇴직자의 재고용 지원, 퇴직예정자 등에 대한 재취업지원서비스 지원과 정년연장에 대한 지원에 관한 조문들로 구성되어 있다. 5장은 보칙으로 보고와 검사, 권한의 위임, 벌칙, 양벌규정, 과태료 등으로 구성되어 있다.

고령자고용법에서 재취업 의무화와 관련된 법 개정은 2019년 4월 30일에 이루어진 제21조의 3항이다. 개정 조문은 다음과 같다.

① 사업주는 정년퇴직 등의 사유로 이직예정인 근로자에게 경력·적성 등의 진단 및 향후 진로설계, 취업알선, 재취업 또는 창업에 관한 교육 등 재취업에 필요한 서비스(이하 "재취업지원서비스"라 한다)를 제공하도록 노력하여야 한다.
② 제1항에도 불구하고 대통령령으로 정하는 수 이상의 근로자를 사용하는 사업주는 정년 등 대통령령으로 정하는 비자발적인 사유로 이직예정인 준고령자 및 고령자에게 재취업지원서비스를 제공하여야 한다.
③ 사업주는 재취업지원서비스를 대통령령으로 정하는 바에 따라 다음 각 호의 어느 하나에 해당하는 단체 또는 기관에 위탁하여 실시할 수 있다.
④ 고용노동부장관은 사업주가 소속 근로자에게 재취업지원서비스를 제공하는 경우에 예산의 범위에서 필요한 지원을 할 수 있다.
⑤ 제1항 및 제2항에 따른 재취업지원서비스의 대상, 내용 및 방법 등에 필요한 사항은 대통령령으로 정한다. 위탁이 가능한 단체와 기관의 경우, 「직업안정법」 제18조에 따라 무료직업소개사업을 하는 비영리법인이나 공익단체, 「직업안정법」 제19조에 따라 유료직업소개사업을 하는 법인, 「근로자직업능력 개발법」 제16조제1항에 따라 직업능력개발훈련을 위탁받을 수 있는 대상이 되는 기관

고령자고용법 시행령은 2020년 4월 28일 일부 개정이 이루어졌고, 2020년 5월 1일 시행되었다(대통령령 제30644호). 시행령은 총 6장으로 이루어졌는데 1장은 총칙으로 목적, 고령자 및 준고령자의 정의, 고령자 기준고용률로 구성되어 있다. 2장은 고용상 연령차별금지에 관한 내용으로 시정명령의 신청방법 등으로 구성되어 있다. 제3장은 정부의 고령자 취업지원으로 고령자에 대한 직업능력개발훈련, 직업능력개발훈련시설 등에 대한 평가 우대, 고령자인재은행의 지정기준, 중견전문인력고용지원센터의 사업범위, 중견전문인력 고용지원센터의 지정기준 등에 관한 조문들로 구성되어 있다.

제4장은 고령자의 고용촉진 및 고용안정에 관한 내용으로 기준고용률이 적용되는 사업주, 고용 지원금의 지급기준, 우선고용직종의 고용, 우선고용직종에 대한 고용현황 제출에 관한 내용으로 구성되어 있다. 5장은 정년에 관한 내용으로 정년제도 운영현황 제출의무 사업주, 재취업지원서비스의 제공의무 사업주, 재취업지원서비스의 제공 대상, 재취업지원서비스의 내용 및 방법, 재취업지원서비스 실시의 위탁에 관한 내용들로 구성되어 있다. 마지막으로 6장은 보칙으로 권한의 위임, 고유식별정보의 처리, 규제의 재검토, 과태료의 부과기준 등으로 구성되어 있다.

재취업 의무화와 관련하여 2020년 4월 28일 다음과 같은 조문을 신설하였다.

제14조의2(재취업지원서비스의 의무적용 사업주 등) ① 법 제21조의3제2항에서 "대통령령으로 정하는 수"란 고용노동부장관이 정한 기준에 따라 산정한 전년도 「고용보험법」 제2조제1호가목에 따른 피보험자(이하 "피보험자"라 한다)의 수가 1,000명인 경우를 의미한다.

② 법 제21조의3제2항에서 "대통령령으로 정하는 비자발적인 사유"란 다음 각 호의 어느 하나에 해당하는 경우를 제외한 사유를 의미한다.

1. 「고용보험법」 제58조에 따른 수급자격이 제한되는 사유로 이직하거나 이직이 예정된 경우

2. 근로계약 기간의 정함이 있는 근로자가 근로계약 기간 중 또는 근로계약 기간의 만료로 이직하거나 이직이 예정된 경우. 다만, 해당 사업에서의 이직일 또는 이직예정일(이하 "이직예정일등"이라 한다) 이전의 피보험기간이 계속하여 3년 이상인 경우는 제외한다.

3. 공사의 종료 등으로 이직하거나 이직이 예정된 경우. 다만, 해당 사업에서의 이직예정일등 이전의 피보험기간이 계속하여 3년 이상인 경우는 제외한다.

제14조의3(재취업지원서비스의 위탁) 사업주가 법 제21조의3제2항에 따른 재취업지원서비스를 위탁하여 제공하고자 하는 경우에는 법 제21조의3제3항 각 호에 해당하는 기관 중 고용노동부장관이 정하는 인력과 시설을 갖춘 기관에 위탁하여야 한다.

제14조의4(재취업지원서비스의 대상 등) ① 사업주는 다음 각 호의 요건을 모두 충족하는 사람에게 법 제21조의3제2항에 따라 재취업지원서비스를 제공하여야 한다. 다만, 재취업이 확정되어 있는 등 고용노동부장관이 정하는 사유에 해당하여 근로자가 재취업지원서비스에 참여하지 않는 경우는 제외한다.

1. 이직예정일등이 50세 이상이 되는 연도 중일 것
2. 해당 사업에서의 피보험기간이 이직예정일등 직전 계속하여 1년 이상일 것
3. 이직 사유가 제14조의2제2항 각 호의 어느 하나에 해당하지 않을 것

② 사업주가 제21조의3제2항에 따라 재취업지원서비스를 제공하는 경우에는 고용노동부장관이 정한 바에 따라 다음 각 호 중 하나 이상의 재취업지원서비스를 제공하여야 한다.

1. 경력·적성 등의 진단 및 향후 진로설계
2. 취업알선
3. 재취업 또는 창업에 관한 교육
4. 그 밖의 고용노동부장관이 재취업에 필요하다고 인정하는 서비스

③ 사업주는 해당 근로자의 이직예정일등 직전 3년 이내에 제21조의3제2항에 따른 재취업지원서비스를 제공하여야 한다. 다만 경영상 이유에 따른 퇴직, 희망퇴직, 권고사직으로 이직하는 근로자에 대해서는 이직예정일등 직전 1년 이내 또는 이직예정일등의 다음 날부터 6개월 이내에 재취업지원서비스를 제공하여야 한다.

또한, 위임행정규칙으로서 사업주의 재취업지원서비스 제공에 관한 규정(고용노동부고시 제2020-85호, 2020. 5. 1.)을 제정하였는데 해당 내용은 목적, 재취업지원서비스 제공, 재취업지원서비스의 내용 및 방법, 재취업지원서비스 실시의 위탁, 재취업지원서비스 운영 결과 제출, 재검토 기한으로 구성되어 있다. 특히 운영 기준에서는 16시간 이상의 교육과 상담 등 진로설계 내용, 이직 전 3개월 이내 2회 이상 취업알선(1회 이상 대면 서비스), 직무수행능력 향상을 위한 교육 등이 포함되어 있다.

〈표 1-3〉 재취업지원서비스의 운영 기준

구분	서비스 내용	제공 기준
영제14조의4제1항 제1호에 따른 진로설계	• 이직 이후 변화관리 등에 관한 교육을 포함, 소질과 적성, 경력에 관한 진단과 상담을 바탕으로 향후 생애와 직업에 관한 진로 설계	• 16시간 이상의 교육과 상담 제공 • 개인별 「진로설계서」 작성
영제14조의4제1항 제2호에 따른 취업알선	• 취업알선 및 상담(이력서 · 자기소개서 작성요령 등 취업지원서비스 제공 포함)	• 이직 전 3개월 이내 2회 이상 취업알선 (1회 이상 대면서비스 제공)
영제14조의4제1항 제3호에 따른 교육	• 구직 또는 창업 희망에 따라 직업에 필요한 직무수행능력을 습득 · 향상시키기 위하여 실시하는 교육 · 훈련	• 기간 2일 이상, 시간 16시간 이상 실시 • 집체 · 현장실시 원칙, 일부 원격방식 병행수행 가능

2) 법제화의 쟁점[4]

첫째, 지원대상 측면에서 장년층은 정년퇴직이나 명예퇴직, 구조조정 등 비자발적 고용관계 종료 시 재취업이 어려울 수 있으므로 지원 필요성은 인정된다. 그러나 지원대상 측면에서 먼저 장년, 고령자, 준고령자, 신중년, 장년 등 대상자에 대한 용어 혼란 개선이 필요하다. 또한, 전직지원서비스에 관련된 연구

---

4) 해당 쟁점과 과제의 경우, 전용일 · 이영민 · 이원희 외 (2017). 기업의 저직지원 실태조사 및 서비스 모델 개발, 박철우 · 이영민 · 정동열 외 (2018). 한국의 장년고용, 박철우 · 이상희 · 이영민 (2018). 고용노동부 고령사회인력정책과 (2019). 미발행 논의자료를 참고하여 작성하였음.

나 정책대안 제시 등에서도 서비스 시작 연령, 서비스 종료 연령, 서비스 대상의 선정, 기업 의무화의 이행여부 등에 관해 다양한 논의들이 전개되고 있다. 기존 연구들에서는 연령주의에 입각하여 생애주기별, 연령대별 특성 차이를 인정하고 그 대상 집단을 구분하여 별도의 서비스를 제공할 필요성이 있다는 점을 강조하고 있다.

서비스 지원대상자에 대한 혼란은 용어에서 발생하는 측면도 있는데 이러한 용어들은 장년, 신중년, 중고령자, 고령자, 준고령자 등 다양한 형태로 개념화되고 정책들이 이루어져서 서비스 지원 대상 설정에 혼란이 야기되고 있다. 예를 들어, 아래와 같은 용어들에서 혼란이 일어나고 있다.

- 장년이란 '베이비 붐 세대'를 포함한 50세 이상 65세 미만인 사람
- 고령자란 55세 이상인 사람(「고용상 연령차별금지 및 고령자고용촉진에 관한 법률」 제2조제1호 및 「고용상 연령차별금지 및 고령자고용촉진에 관한 법률 시행령」 제2조제1항)
- 준고령자란 연령상 50세 이상 55세 미만인 사람(「고용상 연령차별금지 및 고령자고용촉진에 관한 법률」 제2조제2호 및 「고용상 연령차별금지 및 고령자고용촉진에 관한 법률 시행령」 제2조제2항)
- 신중년이란 주된 일자리에서 퇴직(50세 전후)하고 재취업 일자리 등에 종사하며 노동시장 은퇴(72세)를 준비 중인 과도기 세대(5060세대)
- 장년이란 40세 이상 60세 미만의 사람

둘째, 실시기업 측면의 논쟁이 있다. 기업의 부담(퇴직금, 해고예고수당, 고용보험료 부담, 국민연금 부담 등) 외에 부가적인 부담을 지는 법안이므로 도입 시 1,000인에서, 500인으로, 다시 300인 이상으로 점진적 하향 필요하다는 주장이 제기되고 있다. 이는 제도 안착과 성공사례 발굴 및 확산을 위한 조치를 감안한 것이다. 그러나 대기업부터 의무화한 것에 대한 형평성 문제 제기 가능성이 있어 보호 필요가 높은 중소기업 근로자들이 서비스에서 배제될 개연성이 높다. 중소기업의 경우 자체 지원 서비스 능력이 부재하다고 보아야 하는 만큼 개정 법안 취지의 성공적 수행을 위해서라도 대기업의 의무화에 버금가는 공적 지원 서비스가 필요하다는 것이다.

셋째, 서비스 시기 측면에서 서비스 시작 연령, 서비스 종료 연령, 서비스 대상의 선정, 기업 의무화의 이행여부 등에 관해 다양한 논의들이 전개되는 중이다. 기존 연구들에서는 연령주의에 입각하여 생애주기별, 연령대별 특성 차이를 인정하고 그 대상 집단을 구분하여 별도의 서비스를 제공할 필요성이 있는 점을 강조하고 있다. 그러나 시행령에 제시된 바와 같이 55세 이상(고령자 연령 기준)으로 명확히 하는 것이 법령 취지에 부합하다는 주장도 있다. 또한, 서비스 대상의 종료기간은 원칙적으로는 퇴직 이후 발생하는 것으로 제안할 수 있으나 기업의 여건과 사회 분위기에 따라 종료기간을 연장하거나, 재취업 기간을 별도로 설정하여 제공하는 것도 가능할 것이다.

이외에도, 전직지원서비스 대상자의 근속기간에 따라 서비스 여부를 달리할 수도 있지만(기업 부담 전제 시) 가급적 단기 근무자(최소 근속기간 1년 이상)와 근로자 귀책에 의한 퇴직인 경우를 제외하고, 퇴직 전 1-5년 이내부터 집중 서비스를 제공하는 것이 바람직하다는 주장도 있다. 다만, 서비스 시행시기는 50세 이후부터 기업 여건에 따라 탄력적으로 운영 조정이 될 수 있다.

셋째, 서비스 제공 시간, 기간, 내용 측면의 이슈는 다음과 같다. 서비스 참여 시간을 근로시간으로 인정하지 않을 경우, 대상 근로자의 임금 감액과 퇴직금 손실 우려가 있어 근로자들의 유인이 반감될 수 있다. 그러나 기업의 의무나 노력의 일환으로 전개되는 전직지원서비스에 필요한 시간은 근로시간으로 산정될 수 있고, 그 기간 중 평균임금의 축소가 이루어지지 않도록 하는 것이 가능할 수 있다. 만약 이러한 해석이 인정되지 않는다면 취업규칙이나 단체협약을 통해 시간상의 불이익이 발생하지 않도록 조치해야 한다.

넷째, 서비스 품질관리를 위해 서비스의 제공시간, 참여횟수, 제공기간 등을 제한하는 것이 필요하다는 의견(예, 40시간 이상, 4주 등)도 있으나 노사합의를 전제로 기업별 자율로 시간, 기간, 내용 등을 결정하도록 하는 것이 바람직할 것이다. 다만, 정부는 제도 운영에 관한 실태조사, 시행계획서 제출 및 확인, 이행보고서 제출 등으로 기업 모니터링을 실시할 필요가 있다.

다섯째, 노동조합의 역할 측면에서, 전직지원서비스 대상자 결정과 지원서비스 내용 등 지원계획을 수립할 때 통상 대상 근로자들에 대한 직접적인 의견 수렴 절차를 거치는 것이 제도 안착과 성공적인 이행에 필수적일 것이다. 따라서 보다 적정한 내용을 얻기 위해서는 노동조합(노사협의회)의 의견을 들어보는 방식이 유용할 것이다. 더 나아가 노동조합의 협의나 동의를 통해 노사가 합의한 형태로 전직지원서비스를 실시하는 것이 바람직할 것이다. 노동조합과 협의나 동의 방식(등록 방식 채택: 실행 간소화) 혹은 의견 청취 의무화(승인 방식: 시행계획 제출 → 전문가 확인 → 이행계획 확인: 이행 점검 강화) 등을 통해 제도의 안정성과 공감대 인식을 높일 수 있다.

여섯째, 전직지원서비스 거버넌스 측면에서 다양한 전직지원서비스 전달체계의 효과적 관리, 전직지원 관련 예산의 효율적 집행, 공공영역과 민간영역의 서비스 중복을 해소, 서비스 수혜자의 편익을 제고하는 종합적인 거버넌스 구축이 필요하다. 이를 위해 장년 전직지원서비스의 양적 확대 및 질적 제고, 장년 대상 부처별·사업별 사업과 서비스 연계 및 조정 강화, 고용센터의 장년 전직지원서비스 기능 강화, 고용정책심의회 산하 전직지원서비스 전문위원회를 정점으로 하는 거버넌스 구축이 필요하다. 또한, 전직지원서비스 전문위원회를 중심으로 부처별 고용서비스 전달체계를 평가·조정하고 고용센터는 급부행정, 장년 일자리 정보제공, 민간고용서비스기관 관리·감독, 부정수급 조사 등의 역할 수행이 필요하다.

일곱째, 전달체계 개편 이슈 측면에서 공공 전직지원서비스 확대를 위해서는, 공공 고용서비스 인프라 강화가 선행되어 업종 특성이나 직업에 따라 다양한 서비스가 개발되어야 하지만 예산 및 인력 확충의 제약이 많을 것으로 예상된다. 지방자치단체 중심으로 지역과 산업에 맞는 전직지원서비스를 제공하는 방안도 검토할 수 있겠지만 관련 예산 확보, 질 높은 서비스 표준화, 서비스 제공 인력의 전문성 등의 이슈가 발생할 수 있다. 민간 전직지원서비스는 현실적인 예산 제약 속에서 민간의 경쟁과 효율을 활용하여 공공 전직지원서비스를 보완하고 다양한 업종, 대상, 내용, 운영방식, 성과관리 측면에서 효과적이나, 서비스기관 간 과다경쟁, 덤핑 수주, 외주 인력 위주 활용 등의 한계점도 노출할 수 있다.

여덟째, 전직지원서비스 품질관리 측면에서 전직을 포함한 고용서비스 전반의 전달체계 개편 및 품질 보장을 위한 정책적인 방안들을 추진하고 있으므로 이에 대한 정책 기조와 방향성에 기반으로 하여 전직지원서비스를 확대하는 방안을 모색할 필요가 있다. 근로자 300인 이상 기업의 경우 민간 전직지원서비스 기관들 간 경쟁을 통한 품질관리와 향상 노력을 유도하고 만약 300인 이하 기업들을 대상으로 민간 전직지원서비스 기관들이 서비스를 제공할 경우, 정부의 품질관리인증체계(예: 고용서비스 품질인증제, 직업훈련기관 심사평가 등)를 활용하여 선별적으로 진입을 허용할 필요가 있다. 보다 큰 틀에서는 사회안전망 강화라는 차원에서 장년 퇴직 근로자의 고용안정, 재취업 촉진, 생애주기별 맞춤형 취업지원 강화를 위한 전직지원서비스 품질관리를 추진할 필요가 있다.

아홉째, 전직지원서비스 전문인력 확충 측면에서 노사발전재단, 한국고용정보원 등을 활용하여 전직지원 전문 컨설턴트를 양성하고, 실무 내용을 중심으로 기존 센터 종사자나 유관기관 종사자들을 대상으로 향상교육을 실시해야 한다. 또한, 전국 주요 대학을 중심으로 팀장급 이상을 대상으로 고급 교육과정을 개설하여 전문가로 육성해야 한다. 자격제도의 경우, 직업상담사 2급 자격은 장년 대상 고용서비스를 제공하기에는 검정방식에 한계가 있고, 1급 자격의 경우 취득자가 적고 현장에서의 활용 가치가 높지 않은 상태이므로 전직지원 전문자격을 국가기술자격으로 신설하고(기존 직업상담사 자격취득자는 보수교육을 통해 취득 유도) 법령상에 자격 검정, 갱신, 유효기간 등을 명시하여 관리해야 할 것이다.(자격 세부종목 명을 업종 단위로 명시하여 업종 전문성 반영, 예: 전직지원관리사[건설업종])

열째, 재정 지원 방식 개편 측면에서, 전직지원서비스에 대한 재정지원 방식은 개인, 기업, 전직전문기관 중심으로 지원하는 것이 가능하고, 각 방식에 따라 장·단점이 존재할 수 있다. 근로자 개인에게 전직지원서비스를 적절하게 제공하는 방식은 개인에게 서비스의 구매를 위한 바우처를 제공하거나, 전직지원 계좌를 신설하여 퇴직 직전 지원비용을 활용하도록 지원해야 한다. 또한, 기업을 대상으로 직접적인 사업주 전직 부대 비용지원, 세액공제, 기업 근로자에 대한 장려금 확대 등의 방법으로 지원할 필요가 있다. 민간 전직기관을 중심으로 기관 건전성과 역량을 바탕으로, 성과 차등 지원, 프로그램 공모 방식을 통한 물량 배정방식도 활용할 수 있다. 다만, 이러한 경우는 예외적인 중소기업 지원에만 한정되기 때문에 대기업의 경우는 정부가 근로자 개인이나 기업을 대상으로 직접 지원하여 민간서비스기관에 간접적으로 배분되도록 우회 지원할 필요가 있다.

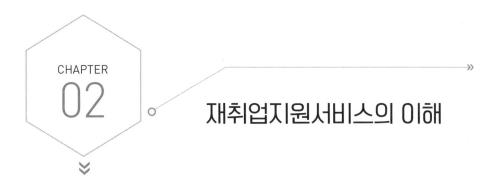

재취업지원서비스의 이해

1. 재취업지원서비스의 개념

1) 재취업지원서비스의 의미

기업이 근로자에게 제공하는 재취업지원서비스의 의미와 맥락은 다음과 같다. 재취업지원서비스는 기업의 퇴직자와 퇴직예정 근로자에게 새로운 환경에 적응하기 위한 변화관리, 경력목표(재취업, 창업, 경력개발, 생애설계 등) 수립, 경력목표 달성을 위한 지원활동 등의 총체적인 서비스를 의미한다. 기업에서 퇴직자가 발생하게 되는 원인으로는 세계적인 경기 변동, 국가의 경제 환경 변화, 기업 경영상의 구조조정에 따른 인력 감축, 정년 만기로 인한 퇴직 등을 들 수 있다. 이들 원인은 개별적으로 또는 서로 밀접하게 연결되어 고용에 영향을 미치며, 1997년 IMF 외환위기와 2008년 금융위기에서 경험했듯이 대규모의 실업을 발생시키기도 한다.

미국의 경우 재취업지원서비스와 유사한 아웃플레이스먼트(outplacement)가 도입된 것은 1960년대로 경기침체에 의한 구조조정과 이에 따른 대량 인력감축이 반복되던 시기였다. 뉴저지 소재의 Hamble Oil Company가 아웃플레이스먼트를 맨 처음 시작한 회사이며 실직자를 위한 퇴직관리 차원에서 시행하였다 (Redstrom-Plourd, 1998).

그간 우리나라에서 퇴직자와 퇴직예정 근로자에게 지원된 재취업지원서비스는 일반적으로 '전직지원프로그램'으로 통용되어 왔다. 전직지원프로그램은 아웃플레이스먼트, 전직지원제도, 전직지원서비스 등의 용어로 사용되어 왔으며 이들은 'outplacement'를 번역한 용어다. 한국기업교육학회에 따르면 전직지원프로그램은 퇴직자나 퇴직예정자의 재취업과 창업을 위해 제공되는 일련의 서비스 프로그램을 의미하며, 조직의 다운사이징에 따라 발생하는 퇴직자를 위해 제공하거나, 조직 구성원의 경력개발 차원에서 제공하는 프로그램이라고 정의하고 있다.

이러한 정의를 보면 재취업지원서비스는 대상과 내용에 있어서 전직지원프로그램과 크게 다르지 않으며 비슷한 개념으로 보아도 무리가 없다. 단지 재취업지원서비스는 단어의 의미상 다른 여타의 분야보다 재취업에 초점을 맞추고 있으며 전직지원프로그램은 재취업뿐만 아니라 창업이나 경력개발을 포함한 좀 더 넓은 개념으로 볼 수 있다.[5] 그러나 재취업을 위한 서비스를 제공한다고 하더라도 동일한 업종 및 직무로의 즉각적인 전직이 아닌 경우에 경력목표(재취업, 창업, 경력개발, 생애설계)를 수립한 후 각각의 절차에 따라 서비스를 제공받는다. 따라서 실제로 재취업지원서비스와 전직지원프로그램을 엄밀하게 구분하기는 쉽지 않다.

재취업지원서비스의 의미를 광의와 협의의 개념으로 구분하면 다음과 같다. 먼저 광의의 재취업지원서비스에 대하여 Healy(1982)는 경력이 단절됨으로써 얻게 되는 심리적 불안감을 줄이고 경력목표 달성의 가능성을 증진시키기 위해 계획적이고 신속한 구직활동이 될 수 있도록 영향을 미치는 활동이라고 정의하였다. Mayer와 Shadle(1994)은 기업의 구조조정으로 인해 퇴직 및 이직하는 종업원을 지원하기 위한 제도이며, 다른 직무나 커리어 또는 라이프스타일에 대한 컨설팅까지 포함한다고 주장하였다. Redstrom-Plourd(1998)는 전직지원프로그램을 개인에게 구직에 필요한 지식과 스킬을 교육하는 것뿐만 아니라 경력개발과 평생학습에 필요한 자원을 제공하여 변화관리를 지원하는 인적자원개발 프로세스로 설명하였다. 이와 함께 남아 있는 근로자의 심리적 불안을 해소하며 새롭게 구성된 조직 환경에 적응하도록 상담하는 인적자원개발 방법이라고 주장하였다.

광의의 재취업지원서비스에 대한 연구자들의 주장을 종합하면 다음과 같다.

---

5) 재취업지원서비스를 광의로 해석할 경우 전직지원프로그램으로 보아도 무방하므로 본 책에서는 맥락에 따라 재취업지원서비스를 전직지원프로그램으로도 기술함.

재취업지원서비스는 국가의 경제 환경 변화와 기업 경영상의 이유로 구조조정에 의해 다운사이징과 인력감축에 기인하여 발생되는 비자발적인 퇴직자나 퇴직예정자와 더 나아가 정년퇴직으로 인한 퇴직자를 대상으로 수행된다. 이들에게 퇴직에 따른 충격을 완화시킬 뿐만 아니라 새로운 환경 적응을 위한 변화관리를 지원하며 계획적이고 전략적인 구직활동을 통해 경력목표를 신속하게 달성할 수 있도록 서비스한다. 또한, 새로운 직무, 경력, 라이프스타일에 대한 프로그램을 체계적으로 제공하고 기술과 경제, 직무 태도와 문화 규범의 변화에 기민하게 대처하기 위한 수단으로 활용되고 있다. 이와 더불어 선진국에서는 인적자원관리 활동의 일환으로 원활한 구조조정과 퇴직관리를 위해 제도화되었다 (김석란, 2016).

협의의 재취업지원서비스에 대해 연구자들은 다음과 같이 제시하고 있다. Pickman(1994)은 퇴직하는 직원에게 효과적인 경력개발 수립을 지원하고 새로운 직업을 찾도록 지원해 주는 과정이라고 정의하였다. O'Donnel(1992)은 퇴직자의 기술과 역량을 평가하여 구직 활동을 돕고 구직기술을 제공하는 프로그램이라고 설명하였다. 요컨대, 협의의 재취업지원서비스는 퇴직자나 퇴직예정인 근로자를 대상으로 경력목표 수립에 따른 구직활동을 도움으로써 신속하게 재취업에 성공하도록 지원하는 것이다. 구체적으로 개인이 전직하고자 하는 목표기업을 설정하여 구직서류 작성과 구직기술을 습득함으로써 재취업에 성공하도록 총체적인 서비스를 제공한다.

<표 1-4>는 연구자들이 제시하는 재취업지원서비스 또는 전직지원프로그램의 광의와 협의의 의미이다.

〈표 1-4〉재취업지원서비스(전직지원프로그램)의 의미

구분	학 자	의 미
광의	Healy(1982)	경력이 단절됨으로써 얻게 되는 심리적 불안감을 줄이고 경력목표 달성의 가능성을 증진시키기 위해 계획적이고 신속한 구직활동이 될 수 있도록 영향을 미치는 활동
	Mayer & Shadle(1994)	기업의 구조조정으로 인해 퇴직 및 이직하는 종업원을 지원하기 위한 제도이며 다른 직무나 커리어 또는 라이프스타일에 대한 컨설팅
	Redstrom-Plourd(1998)	개인에게 구직에 필요한 지식과 기술을 교육시키는 것뿐만 아니라 경력개발과 평생학습에 필요한 자원을 제공하여 변화관리를 지원하는 인적자원개발 프로세스임. 남아 있는 근로자의 심리적 불안을 해소하며 새롭게 구성된 조직 환경에 적응하도록 상담하는 인적자원개발 방법
협의	Pickman(1994)	퇴직하는 직원에게 효과적인 경력개발 수립을 지원하고 새로운 직업을 찾도록 지원해 주는 과정
	O'Donnel(1992)	퇴직자의 기술과 역량을 평가하여 구직 활동을 돕고 구직 기술을 제공하는 프로그램

2) 재취업지원서비스의 범위[6)]

기업이 재취업지원서비스의 범위를 정하는 것은 해당 기업이 지향하는 재취업지원서비스의 정의, 인식, 방향 등과 맥락을 같이한다. 이에 따르면 첫째, 재취업지원서비스의 대상은 비자발적으로 이직한 경우로 회사의 구조조정으로 인한 퇴직자와 정년퇴직 근로자가 우선시되며 자발적 이직이거나 징계해고 등의 사유로 퇴직하는 근로자는 원칙적으로 제외한다. 둘째, 재취업지원서비스의 목적 중 하나인 퇴직으로 인한 심리적 충격과 좌절을 극복하기 위하여 일정 수준의 상담과 워크숍 등을 진행할 수 있다. 그러나 재취업지원서비스의 경우 심리상담에만 중점을 두어서는 안 되며, 전문 심리상담가의 도움을 받을 수 있도록 연계하는 것이 보다 적절하다. 셋째, 경력목표(재취업, 창업, 경력개발, 생애설계)를 구체화시키는 과정이 선행되어야 하고 경력목표에 적합한 전략을 수립하여 교육

---

6) 이 내용은 심성경제연구소 (2001b). 기업의 경쟁력 강화를 위한 전략적 퇴직관리 방안, 전용일·이영민·이원희 외 (2017). 기업의 전직지원 실태조사 및 서비스 모델 개발을 참고하여 작성하였음.

및 컨설팅이 진행될 수 있도록 해야 한다.

　　그러나 경력목표와 무관하게 구직서류 작성과 일자리 탐색이 동시에 이루어져야 한다. 현실적으로 개인의 경력목표가 창업이나 경력개발, 생애설계라 할지라도 이전의 직무와 직급, 임금 수준에 적합한 일자리를 탐색하거나 제안을 받을 경우에 재취업으로 변경할 가능성이 높다. 따라서 이러한 경우를 대비하기 위해 구직서류를 미리 준비할 필요가 있다. 넷째, 성공적인 재취업지원서비스를 제공하기 위해 숙련된 컨설턴트를 배정하여 1:1 대면상담이 이루어져야 한다. 기존의 연구 결과에 따르면 1:1 대면상담은 재취업지원서비스 내용 중 가장 효과적인 부분으로 파악된다. 다섯째, 사무실과 사무집기 제공 등의 행정지원 서비스가 필요하며, 재취업지원서비스를 효과적으로 지원하기 위하여 경력전환센터(Career Transition Center, CTC)를 설치하기도 한다.

　　재취업지원서비스를 협의로 한정하여 제공하는 경우에는 서비스의 범위가 줄어들 수 있다. 대상은 기업 경영상의 이유로 퇴직하거나 퇴직예정인 근로자, 정년퇴직 근로자로서 광의의 재취업지원서비스와 동일하게 적용되나 제공되는 서비스의 내용과 지원 방법에 있어서 차이가 있다. 서비스의 내용은 재취업을 위한 일자리 탐색, 구직서류 작성, 구직기술 제공 등에 제한되고 심리적 안정과 변화관리를 위한 카운슬링을 제공하기 어렵다. 서비스 지원 방법으로는 대부분의 서비스가 집합교육과 워크숍을 통해 이루어지고 개인별 전담 컨설턴트의 지속적인 1:1 대면상담은 기대하기 어렵다.

2. 재취업지원서비스의 필요성과 목적

　　우리나라에서 전직지원프로그램이 시작된 것은 1997년에 발생된 IMF 외환위기 이후부터이다. 그 당시 경제위기로 인해 기업들이 연속적으로 도산했으며 기업 내부에서 강도 높은 구조조정이 시작되었다. 그 결과 실업률이 1997년 2월을 기준으로 3.2%였으나 1998년 2월에는 6.1%, 1999년 2월에 8.8%까지 급격하게 상승했다. 이러한 상황에서 다국적 소비재 기업인 한국 P&G가 1998년에 퇴직예정자를 대상으로 전직지원프로그램을 제공했으며, 이를 우리나라에서 재취업지원서비스의 시작으로 볼 수 있다. 한국P&G는 미국계 전직지원 회사인 DBM

에 의뢰하여 전직지원프로그램을 제공하였으며 구조조정으로 인해 퇴사하는 근로자에게 변화관리와 재취업을 지원하는 서비스를 시행하였다. 재취업지원서비스의 필요성과 목적을 기업과 개인, 국가 차원에서 살펴보면 다음과 같다.

1) 기업의 측면

기업이 재취업지원서비스를 제공하는 목적은 퇴직하는 직원들에게 새 출발을 위한 회사의 적극적인 배려를 통해 재취업과 창업이 가능하도록 지원하여, 향후 퇴직자들의 법적 소송을 피하고 사회적 문제의 발생 가능성을 최소화하는데에 있다. 퇴직자가 실업을 경험하지 않고 직장을 이동할 수 있도록 배려함으로써 사회적 책임을 충실히 수행하는 기업으로 인식될 수 있다. 또한, 남아 있는 근로자가 느낄 수 있는 퇴직자에 대한 연민, 고용에 대한 불안감 등을 감소시켜 심리적으로 안정감을 갖게 하고 나아가 회사에 대한 충성심을 제고할 수 있게 한다. 이와 함께 상시퇴출제도 시행함에 따라 기업이 가지는 부담과 직원의 저항감을 최소화시키는 것이다.

특히 기업에서는 구조조정의 일환으로 인력감축을 시행한 후에 남아 있는 근로자에게 어떻게 하면 동기부여를 할 수 있는지, 생산성을 제고할 수 있는지를 고려해야 한다. Nelson(1997)은 구조조정에서 살아남은 근로자들이 계속 직장 생활을 할 수 있게 된 것에 감사할 것이고 모든 상처가 시간이 지남에 따라 자연스럽게 치유될 것이라고 보는 생각은 잘못된 것이라고 지적한다. DeWitt와 Mollice(1998)에 따르면 구조조정 이후에 남아 있는 근로자에게는 '생존자 증후군(survivor's syndrome)'이 나타난다고 한다. 생존자 증후군은 남아 있는 퇴직자에게 보이는 감정적이고 심리적인 변화를 말하는 것으로 사기 저하, 스트레스 증가, 기업에 대한 분노와 불신, 조직몰입 저하, 미래 경력에 대한 불안감, 무력감과 동기 상실 등의 상태에 이르게 된다.

그러므로 재취업지원서비스를 통해 이들이 충격과 불안에서 벗어나 심리적으로 안정을 느끼며, 변화하는 직업 세계와 노동시장 환경에 대한 이해를 통해 미래를 준비할 수 있도록 지원한다. 또한, 기업이 불가피하게 시행할 수밖에 없었던 구조조정에 따른 인력감축 환경을 이해시키고, 기업에 대한 불신과 반감을 낮춤으로써 기업 이미지를 환기시킬 수 있도록 한다. 따라서 남아 있는 근로자에게도 생존자로서 기업에 대한 신뢰 회복과 조직에의 충성심을 다시 이끌어내기 위해 재취업지원서비스에 생존자 지원프로그램을 포함하기도 한다. 궁극적으로 구조조정을 실시한 기업의 목표 달성과 성과 제고는 회사에 남게 된 근로자에 의해 좌우되기 때문이다.

2) 개인의 측면

우리나라의 경우 퇴직이란 일종의 사회적 퇴출을 의미하므로 퇴직 상황에 직면하게 되면 정신적 충격을 심하게 받게 된다. 실직함으로써 맞닥뜨리는 경제적 타격보다는 심리적 쇼크를 감당하지 못해 재기할 수 없는 경우가 더욱 문제이므로 정신적 슬럼프를 조기에 극복하도록 돕는 것이 중요한 목적이 된다. Donovan과 Oddy(1982)는 퇴직자가 심리적 상실감으로 적대감, 불안감, 소외감, 자아 상실 등을 경험하고, Layer(1982)는 심장병, 암 등의 질환이 발생하여 입원율이 증가하며, 자살률이 평균치보다 높다고 하였다. Leana와 Ivancevich(1987)는 별거나 이혼으로 인해 가족 구성원 간의 관계가 끊어지고 부부간의 역할이 바뀌게 되어 가정불화가 일어나기도 한다고 지적하였다.

재취업지원서비스를 통하여 퇴직자들이 위와 같은 심리적 불안감을 조기에 극복할 수 있도록 지원할 수 있으며 실제적으로는 실업 기간을 줄여 신속하게 경력전환을 할 수 있도록 도와준다. 경력전환은 단지 재취업만을 의미하지 않는다. 사회경제적 변화와 더불어 급격히 불안정해진 노동시장에서 현실적으로 '평생직장' 대신 '평생직업'이나 '평생 고용가능성'을 지향해야 한다(진성미, 2009). 평생직업에 도전하기 위해 재취업지원서비스는 경력개발에 중점을 두어야 하며, 생애설계 영역에서 일에 대한 설계는 평생직업을 추구하기 위한 경력개발 차원에서 시행하는 것이 바람직하다.

3) 국가적 측면[7]

재취업지원서비스는 국가적으로도 유익한 측면이 다수 있다. 기업이 재취업지원서비스를 제공함으로써 노사 갈등으로 인한 사회적 비용을 최소화하고 사회 불안을 미연에 방지하여 사회적 안정을 도모하게 된다. 퇴직자들이 신속하게 경력목표를 달성하여 경제활동에 참여함으로써 실업대책으로 지불하게 되는 실업급여를 포함한 제반 사회보험 비용을 절감할 수 있을 뿐만 아니라 장기적인 실업의 결과로 빚어지는 가계의 빈곤화를 막을 수 있다.

우리나라의 경우 인적자원의 가치는 다른 어느 나라와 비교할 수 없을 만큼 귀중하다. 대규모 구조조정으로 인해 노동시장에서 노동공급이 초과되는 현상은 국가의 인적자본 손실이라는 중대한 문제와도 연결된다. 재취업지원서비스는 실업대책이나 인적자원관리에 머물지 않고 개인이 인적자원으로써 생산활동에 참여하여 국가의 지속적인 경제성장에 기여할 수 있다. 한편으로는 개인의 경력목표를 수립하고 달성하기 위한 촉매제 역할을 하므로 재취업지원서비스를 경력전환 프로그램이라고 부르기도 한다. 선진국에서는 재취업지원서비스의 가장 중요한 내용을 경력전환 과정에서 필요한 직업능력개발로 보고 있다.

3. 재취업지원서비스의 효과

재취업지원서비스의 효과로는 무엇보다도 심리적 안정과 구직효능감의 상승, 신속한 재취업 성공을 대표적으로 들 수 있다(김석란, 2016).

Hopson과 Adams(1977)는 해고나 실직과 같은 비자발적인 전환과정에서 퇴직자가 7단계의 심리상태를 표출한다고 설명하였다. 1단계는 부동화(immobilization)로 실직으로 인한 충격이 고조에 달해 경력전환을 위한 계획 수립을 체계적으로 할 수 없는 단계다. 2단계는 최소화(minimization)로 퇴직자가 변화의 충격이 실제보다 크지 않기를 기대하는 시기다. 3단계는 자기의심(self-doubt)으로 자신이

---

7) 이 내용은 김동헌 (1998). 미국기업의 고용조정 대상자 지원 사례 연구, 김정한 (2001). 전직지원제도의 의의와 정책과제, 김정한·김부창·양석중 외 (2002). 산업기술인력 아웃플레이스먼트센터 운영사업: 전통산업기술인력의 전직지원 및 재배치·교육사업을 참고하여 작성하였음.

나 자신의 능력을 의심하는 단계다. 4단계는 배출과 인정(letting go)으로 분노와 긴장, 좌절감을 배출하고 미래를 바라보기 시작하는 단계다. 5단계는 시도 (testing-out)로 새로운 행동과 사고, 새로운 삶의 구조를 모색하며, 스스로가 일어설 수 있는 능력과 에너지를 개발하여 경력전환을 준비하는 단계다. 6단계는 의미탐색(search for meaning)으로 퇴직의 의미와 과거 자신의 업무를 분석해 본다. 7단계는 내면화(internalization)로 근본적인 문제의 해결은 자신만이 할 수 있다고 인식하여 자신의 경험을 기반으로 새로운 변화를 모색하는 것을 의미한다.

전직지원프로그램을 제공받은 퇴직자는 제공받지 않은 퇴직자보다 분노와 불안, 우울 등의 심리적 요인이 감소하여 부정적인 심리상태가 완화된다. 이와 함께 재취업지원서비스는 구직효능감을 상승시키는 데 효과가 있다. 구직효능감은 구직활동에 대한 자신감을 의미하며, 구직 관련 기술을 습득하고 연습할수록 구직효능감이 높아진다. 구직효능감이 향상된 퇴직자들은 직무탐색활동이 증가하고, 구직효능감이 높은 사람들이 그렇지 않은 사람들에 비해 재취업률이 높은 것으로 나타났다(Eden, Aviram, 1993). 또한, 구직효능감이 높을수록 재취업에 대한 기대와 구직행동의 빈도가 높아지고, 구직행동의 빈도가 높아질수록 재취업에 긍정적인 영향을 미친다(곽혜정, 2011). 재취업지원서비스의 효과 중 최우선 순위는 경력목표의 달성이다. 정동섭과 박지근은 재취업지원서비스가 재취업이나 창업이라는 경력목표를 달성하는 데 효과가 있고, 천영희는 전직지원프로그램 성과를 분석한 결과 참가자의 52%가 경력전환에 성공했다고 하였다.

기업이 인력감축을 통한 다운사이징 과정에서 퇴직자를 배려하는 철학과 의지를 가지는 것은 기업의 사회적 책무이다. 재취업지원서비스를 제공함으로써 기업은 적절하고 원활하게 조직변화와 구조조정이 가능하며 노사협의 시 협상력을 높일 수 있게 된다. 또한, 인력감축 이후 조직에 남아 있는 근로자의 정신적 충격과 불안을 격감시켜 직무몰입과 조직에 대한 충성심을 높이는 데 기여할 수 있다(임안나, 2006). 연구에 따르면 고용불안이 높은 기업일수록 근로자는 목표 달성을 위한 의지와 노력을 덜 발휘하는 것으로 파악된다(Greenhalgh & Rosenblatt, 1984). 그러나 재취업지원서비스를 실시한 기업의 경우 생산성이 높아지는 것으로 나타나며 근로자의 조직몰입, 조직에 대한 신뢰, 작업노력에 부분적으로 긍정적인 영향을 미친다(구관모·이규만, 2007).

Brockner(1988)는 구조조정이 남아 있는 구성원의 태도와 행동에 미치는 영향에 대한 연구에서 회사가 퇴직자에게 보상을 충분하게 하지 않았다고 느낄 때 남아 있는 구성원의 생산성과 조직에 대한 충성심이 낮아진다고 했다. 박상언 (2001)은 우리나라의 경우에도 인력감축 과정에서 절차와 분배의 공정성이 남아 있는 구성원의 성과와 이타적 행동, 조직에 대한 신뢰에 긍정적인 영향을 미친 다고 하였다. 이처럼 재취업지원서비스는 회사가 퇴직자를 배려하고 있다는 신 호를 줌으로써 남아 있는 구성원의 불안을 감소시키며 동기를 부여한다. 또한, 기업 이미지를 제고함으로써 회사에 대한 반감을 감소시키고 퇴직자들 간의 네 트워크를 유지하게 하는 효과가 있다.

4. 재취업지원서비스 모형[8]

재취업지원서비스의 모형을 파악하기 위해서는 광의의 재취업지원서비스 차 원, 즉 전직지원프로그램의 모형을 살펴보는 것이 적절하다. 전직지원프로그램 의 모형은 학습자 중심의 모형과 공급자 또는 운영자 중심의 모형으로 구분할 수 있다. 이러한 모형은 연구자에 따라 3단계에서 5단계의 모형으로 제시되고 있다. Mirabile(1985)은 퇴직에 대한 변화과정을 5단계로 제시했다. 퇴직으로 인 한 감정적 혼란을 극복하는 안정단계, 자신의 장단점과 경력을 분석하고 구직활 동에 집중하는 성찰단계, 본인이 새롭게 개척해야 할 분야를 명확하게 설정하는 명확화 단계, 설정된 경력목표에 맞는 새로운 직장을 탐색하는 방향설정 단계, 퇴직을 새로운 능력 창출과 경력성장을 위한 기회로 인식하는 시각의 변화 단계 로 이루어져 있다.

Soukup 등(1987)의 모형은 기업의 관점에서 재정적 지원, 심리적 지원, 구직 활동 지원으로 분류했다. 1단계는 재정적 지원으로 퇴직 이후 경제적 어려움을 극복할 수 있도록 임금을 지속적으로 보전해 주고 건강보험 유지, 실업수당과 퇴직 이후 신용 관리 등을 지원한다. 2단계는 퇴직자와 남아 있는 구성원에 대 한 심리적 지원이다. 퇴직자가 자존감을 회복하고 스트레스로부터 빨리 벗어날 수 있도록 지원하며 가족 상담도 지원한다. 3단계는 구직활동 지원으로 퇴직자

---

8) 이 내용은 김석란 (2016). 기업 전직지원프로그램의 효과분석에 관한 연구, 성동섭·박지근 (2003). 전직지원서비스 프로그램의 효과에 대한 연구를 참고하여 작성하였음.

가 새로운 직장 또는 직업을 찾을 수 있도록 탐색과 추천을 진행하고 교육을 통해 새로운 경력을 열어갈 수 있도록 지원하는 단계이다.

Conroy(1993)는 구직활동 단계에 맞추어 진단, 준비, 마케팅, 공표의 4단계를 제시한다. 진단 단계에서는 개인의 관심사나 전문 기술과 과거 경력을 진단하여 경력목표를 수립하고, 준비단계에서는 구직을 위해 이력서를 작성하고 마케팅 전략을 수립한다. 마케팅 단계에서는 취업 서류를 제출하고 인터뷰를 실시하게 되며, 공표 단계에서는 개인의 성장과 발전에 도움을 주는 경력을 선택하고 취업제의를 수락한다. 또한, Kirk(1994)의 전직지원프로그램 모형은 심리적 안정단계에서 퇴직자의 심리 변화가 정상적이라는 인식을 전달하며, 경력개발 단계에서는 자기진단과 경력탐색을 통해 경력목표를 설정하고 구직활동에 대한 계획을 수립한다. 이어서 구직활동 단계에서는 퇴직자의 네트워크 형성과 협상력을 강화시키고 실질적인 구직활동을 지원하게 된다. Gruber(1998)의 모형은 세 가지 활동을 추진하도록 제안한다. 실직에 따른 충격으로부터 평상심을 회복하고, 자신이 추구해야 할 경력개발의 방향성을 정립하며, 적절한 구직활동을 제시하였다.

Aquilanti와 Leroux(1999)의 전직지원프로그램 모형은 다양한 전직지원프로그램 이론의 특성을 통합하여 심리적 안정, 자기개발, 구직활동, 지속적인 상담과 지원의 4단계를 제시하고 있다. 심리적 안정단계에서는 퇴직자와 컨설턴트 사이에 라포(rapport)를 형성하고 전직지원 전 과정에서 퇴직자가 열심히 참여할 수 있도록 동기부여하고 격려해 주어야 한다. 자기개발 단계에서는 성격, 직업흥미, 가치관, 보유기술과 능력, 경력 등에 대한 분석을 통해 경력목표를 설정하고 구직활동을 위한 스트레스 관리나 재정적인 계획을 세우게 된다. 구직활동 단계는 이력서를 작성하고 다양한 구직정보를 수집하여 다양한 재취업 방법을 활용하여 구직활동을 진행하는 과정이다. 지속적인 지원과 상담 단계는 퇴직자가 전직지원 전 과정 동안 심리적인 변화를 겪기도 하고 어려움을 겪을 때 지원하고 격려해 주며 경력목표 달성 후에도 지속적으로 지원하고 점검하는 것이다. <표 1-5>에서는 연구자별 재취업지원서비스의 모형을 정리하였다.

〈표 1-5〉 재취업지원서비스(전직지원프로그램)의 모형

	연구자	단 계	내 용
학습자 중심	Mirabile (1985)	안정	퇴직에 의한 감정적 혼란을 극복
		성찰	개인의 장단점, 경력을 분석
		명확화	향후 추구해야 할 명확한 경력목표의 수립
		방향설정	설정된 경력목표에 맞는 새로운 직장을 탐색
		시각변화	퇴직을 능력창출과 경력성장을 위한 기회로 인식
	Conroy (1993)	진단	개인의 관심사, 전문 기술, 과거 경력 진단 후 경력목표를 수립
		준비	구직을 위한 이력서 작성, 마케팅 전략 수립, 사업이나 기업 분야 선정
		마케팅	취업 서류 제출과 면접을 수행
		공표	개인의 성장, 발전을 위한 경력선택과 취업제의 수락
공급자 중심	Soukup, Rothman & Brisco (1987)	재정적 지원	퇴직 이후 경제적 어려움을 극복할 수 있도록 지속적인 임금 보전, 건강보험 유지, 실업수당과 퇴직 이후의 신용관리
		심리적 지원	퇴직자와 남아 있는 구성원에 대한 심리적 지원
		구직활동 지원	새로운 직장 및 직업 탐색과 추천, 경력전환을 위한 교육 지원
	Kirk (1994)	심리적 안정	실직의 충격에 대한 개인의 평상심 회복
		경력개발	자기진단과 경력탐색을 통해 경력목표 설정과 구직활동 계획 수립
		구직활동	퇴직자의 네트워크 형성과 협상력 강화, 실질적인 구직활동 지원
	Gruber (1998)	평상심 회복	실직에 따른 충격으로부터 벗어나 평상심을 회복
		경력목표 설정	자신이 추구해야 할 경력개발의 방향성을 정립
		구직활동	경력목표에 맞는 구직활동 지원
	Aquilanti & Leroux (1999)	심리적 안정	퇴직자와 컨설턴트 간의 라포 형성과 동기부여
		자기개발	개인의 성격, 흥미, 가치관, 보유기술, 경력 등의 분석을 통해 경력목표 수립, 구직활동을 위한 스트레스 관리와 재정계획을 수립
		구직활동	이력서 작성, 구직정보 탐색 후 구직활동 진행
		지속적 상담과 지원	전직지원 전 과정에 걸쳐 심리적 지원과 격려, 경력목표 달성 후 지속직인 지원과 점검

5. 재취업지원서비스 프로그램

1) 재취업지원서비스의 수행 절차

재취업지원서비스는 퇴직이 결정되기 이전부터 시작되는 것으로서 삼성경제연구소의 연구(2001b)에서는 수행 절차를 실시 주체인 기업의 측면에서 준비단계-통보단계-실시단계-평가단계의 4단계로 제시하였다. 준비단계는 해고의 불가피성을 근로자에게 인식시키는 한편 퇴직 대상자를 선정하는 단계이다. 이때 인력감축의 불가피성에 대한 근로자의 반응은 평상시 노사 간 신뢰 정도와 정보공유 정도에 의해 좌우된다. 이 단계에서 퇴직 대상자들의 수용성은 인력감축 후 회사에 대한 반감, 심리적 안정, 전직지원프로그램에의 참여도를 결정짓는 중요한 요인인 만큼 합리적이고 공정한 선정기준 마련에 노력해야 한다.

통보단계는 퇴직대상자에게 누가 언제 어디에서 어떠한 방법으로 해고통지를 하느냐 하는 단계이다. 이는 공정한 해고대상자 선정과정과 더불어 중요한 단계이다. 따라서 회사는 구조적인 퇴직통보전략이나 시스템을 구비해야 할 것이다. 흔히 전직지원프로그램이라 하면 실시단계에서 적용되는 프로그램만으로 인식되기 쉽다. 그러나 전직지원프로그램 실행보다도 더 중요한 것은 이전 단계인 준비단계와 통보단계이다. 이 두 단계가 원활하게 진행되어야만 퇴직자들의 프로그램 참여율이 제고되어 궁극적으로 전직지원제도의 목적을 달성할 수 있기 때문이다.

실시단계는 퇴직자를 대상으로 구체적인 프로그램이 실시되는 단계로서 심리적 안정지원프로그램, 전직지원프로그램으로 구분된다. 특히 전직지원 상담의 도입 및 실행에서는 심리적 조치, 정보수집, 인적자원에 대한 마케팅과 구직 과정을 거친디. 평가단계는 전식지원프로그램의 효율성 분석을 통하여 성공률 평가와 미진한 부문에 대한 보완책을 마련하는 단계이며 추후 성공적인 프로그램을 위한 피드백 기능을 한다. [그림 1-1]은 기업에서 실시하는 재취업지원서비스의 실시 절차이다.

[그림 1-1] 재취업지원서비스(전직지원프로그램)의 실시 절차

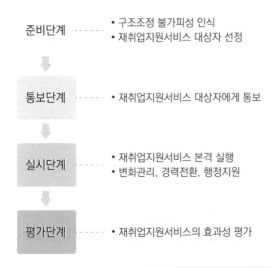

출처: 삼성경제연구소 (2001b). 기업의 경쟁력 강화를 위한 전략적 퇴직관리 방안, p. 6. 참고하여 재구성함.

2) 재취업지원서비스의 구성과 내용

재취업지원서비스의 목적은 퇴직자가 성공적으로 경력목표를 달성하는 것이 므로 기본프로그램은 취업과 창업 지원이 근간을 이루고 있다. 취업지원은 경력 과 역량 분석, 취업에 필요한 기본 서류 작성, 구인·구직 연계에 집중되어 있 다. 창업지원은 상권분석과 마케팅 전략 수립, 창업 과정에서 발생할 수 있는 위 험요인의 사전 인지를 위해 현장방문과 모의실습 등으로 구성되어 있다(김석란· 이영민, 2013b).

또한, 경력개발은 자기분석과 경력재설계를 기반으로 개인의 직업능력향상을 위해 직업교육훈련으로 연결된다. 그 결과 경력전환을 위한 기본 역량을 갖추게 된다. 현재와 같이 평생학습이 강조되는 시기에는 경력개발 차원의 직업교육훈 련이 더욱 장려되어야 한다. 특히 사무직 퇴직자의 경우, 직무 수행 범위가 넓지 않아 다른 산업과 직무 분야에 진출하기 위해서는 양성훈련 차원의 직업교육훈 련이 요구된다. 한편 전직지원프로그램으로 은퇴가 임박한 근로자를 대상으로 하는 생애설계 프로그램, 퇴직 예정인 근로자를 위한 퇴직준비 프로그램, 퇴직 예정 근로자 부부를 대상으로 하는 부부 퇴직준비 프로그램도 있다(박창동, 2014).

우리나라에서 퇴직자에게 제공되는 재취업지원서비스의 내용은 일반적으로 변화관리 프로그램, 경력전환 프로그램, 생애설계 프로그램, 행정지원서비스로 구성된다. 첫째, 변화관리 프로그램은 퇴직으로 인한 불안, 스트레스, 분노 등의 감정을 해소하고 관리할 수 있도록 지원하며 퇴직을 직시하고 변화를 수용하여 무엇을 어떻게 해야 성공적으로 변화할 수 있는지에 대한 동기를 부여한다.

둘째, 경력전환 프로그램은 개인의 진단을 통해 경력목표를 설정한 후에 재취업, 창업, 경력개발 등으로 구분하여 지원된다. 재취업 프로그램은 구직서류 준비와 구직기술이 제공되며 창업 프로그램으로는 사업계획서 작성과 상권분석 및 마케팅 전략 수립 등의 내용으로 구성된다. 경력개발 프로그램은 노동시장과 직업의 변화 추이 파악, 생애경력재설계, 직업교육훈련과 자격 탐색 등을 통해 경력개발에 필요한 사항을 지원한다. 셋째, 생애설계 프로그램은 6대 생애 영역이라고 할 수 있는 일(직업), 건강, 재무, 관계, 여가, 사회 활동으로 나누어 퇴직 이후 생애 주기에 따른 바람직한 생애 역할을 수행할 수 있도록 구성된다.9) 넷째, 행정지원서비스는 경력전환센터를 설치하여 사무공간과 비서 서비스, 사무기기를 활용할 수 있도록 지원된다. 재취업지원서비스의 프로그램 구성은 <표 1-6>에 요약되어 있다.

---

9) 생애설계(life designing)는 Savickas가 2009년에 소개한 자신의 논문에서 새로운 패러다임으로 제시한 개념임. 생애설계는 Super의 생애진로 무지개(career rainbow)를 현대적으로 확장한 것으로, 생애진로 무지개에서는 개인의 여섯 가지 역할을 자녀, 학생, 배우자, 직업인, 시민, 여가인으로 정의함. 생애설계 패러다임에서는 분명하게 이론의 구성요소와 커리어 상담의 개입 전략을 정리하고 있으나, 아직까지 학문적인 타당성에 대해서 논의를 마치지 못한 상태임. 현재 커리어 상담 현장에서 생애설계의 영역과 내용은 제시하는 기관이나 단체에 따라 다소 차이가 있음.

〈표 1-6〉 재취업지원서비스의 구성

구 성	내 용
변화관리 프로그램	• 퇴직으로 인한 불안, 스트레스, 분노 등의 감정 관리 • 성공적인 변화를 위한 동기부여
경력전환 프로그램	• 흥미, 가치, 소질, 성격, 전문성 진단 • 역량과 경력 분석으로 경력목표 수립 • 경력목표를 재취업, 창업, 경력개발 중 선택 • 재취업: 적합한 기업 조건 도출, 구직 서류 작성, 구직기술을 통한 직업탐색과 모의면접 실시 • 창업: 업종 선정, 시장과 상권분석, 사업계획서 작성, 마케팅 전략 수립, 매장 오픈 등 창업절차 지도 • 경력개발: 직업과 노동시장 변화 추이 파악, 다양한 일하기 방식 탐색, 생애경력재설계, 직업교육훈련과 자격 탐색
생애설계 프로그램	• 6대 생애 영역: 일(직업), 건강, 재무, 관계, 여가, 사회 활동 • 중년의 건강관리, 4대 연금과 자산관리, 금융 및 부동산 재테크, 커뮤니케이션과 네트워킹 전략, 여가 선택과 즐기기, 봉사와 사회참여 영역 탐색
행정지원서비스	• 경력전환센터(Career Transition Center, CTC) 마련 *CTC는 회사에 따라 명칭에 차이가 있음 • 사무공간 제공, 비서 서비스 제공, 사무기기 및 사무용품 지원

6. 재취업지원서비스의 국내 사례[10]

1) 기업의 사례

기업의 사례로 5개 회사를 선정하였으며 이들 회사에서는 재취업지원서비스를 일반적으로 세 가지 형태로 운영하고 있다. 사내 경력개발센터를 설립하여 운영하거나 그룹 내의 독립법인에서 주된 사업과 병행하여 실시하는 방법, 퇴직자가 배출되는 시점에 외부의 재취업지원서비스 회사나 기관에 의뢰하는 경우이다. 국내 사례 중 A, B사는 사내 경력개발센터를 통해 운영하며 C사는 그룹 내의 독립법인에서 실시하고 D사는 민간 재취업지원서비스 회사에 의뢰하여 진행하며 E사는 공공 재취업지원서비스 기관을 활용하여 실시하고 있다. 기업의

---

10) 이 내용은 이요행·이영민·김소영 외 (2021년 간행중)에서 발췌하여 작성하였음.

재취업지원서비스의 내용은 다음과 같다.

(1) A사

A사의 전직지원프로그램은 크게 대상, 프로그램 내용, 제공방법에 따라 구분된다. 대상은 퇴직(예정)자로서 일반 직원과 임원으로 나뉘며 프로그램 내용은 전직지원프로그램(재취업, 창업), 생애설계 및 경력개발 프로그램으로 구분할 수 있고 제공방법은 1:1 컨설팅, 집합교육, 워크숍, 현장체험으로 구성되어 있다. 전직지원프로그램의 프로세스를 단계별로 살펴보면 도입단계, 탐색단계, 실행단계, 사후관리단계로 이루어진다.

도입단계에서는 신청경로를 파악하여 초기상담을 실시하며 서비스 등록 절차와 전직지원 니즈 파악이 진행된다. 전직지원프로그램의 신청은 본인 직접신청, 교육연계, 지인 소개, 사업 부서 단위 신청 등의 방법이 있다. 탐색단계에서는 '생애설계 진단'을 실시하여 자신의 현재 상태를 점검하고 미래 준비를 위한 방향을 탐색한다. 진단 프로그램은 크게 일의 의미, 선호 진로, 전직 준비도, 직무수행 역량으로 구분하여 200여 문항으로 구성되어 있다. 진단을 실시한 후 프로파일 해석을 위한 강의가 실시된다. 다음은 정보탐색으로 직업과 직무 정보, 고용시장 정보, 창업 정보를 제공한다. 탐색단계의 마지막 과정으로 전직지원, 경력개발, 은퇴준비 및 생애설계로 구분되는 세부 경력목표를 수립한다.

실행단계에서는 교육 및 워크숍으로 경력개발센터 내의 교육, 창업실무교육, 역량개발교육, 직업능력교육이 이루어지고, 실행지원은 1:1 전문 상담이 병행되어 실행 계획과 전략수립, 구직활동과 창업과정이 진행된다. 이때 각 과정이 모니터링을 거쳐 피드백된다. 사후관리단계에서는 새로운 환경 적응, 경력관리 지원, 지속적이 모니터링과 관리가 실시된다. A사의 전식지원프로그램 프로세스는 [그림 1-2]와 같다.

[그림 1-2] A사의 전직지원 프로세스

도입단계	----	• 초기상담: 서비스 등록, 니즈 파악

탐색단계	----	• 생애설계진단: 일의 의미, 선호 진로, 전직 준비도,
		  직무수행 역량
		• 정보탐색: 직업 및 직무 정보, 고용시장 정보,
		  창업 정보
		• 전문상담: 전직지원(재취업, 창업), 경력개발,
		  은퇴준비 및 생애설계

실행단계	----	• 교육 및 워크숍: 센터 내 교육, 창업실무교육,
		  역량개발교육, 직업능력개발교육
		• 실행지원: 전문상담 병행, 실행전략 및 계획 수립,
		  구직활동 지원, 실행 모니터링 및 피드백

사후단계	----	• 사후관리: 새로운 환경 적응, 경력관리지원, 지속적 모니터링

출처: A사 내부자료를 재구성함.

　　A사의 경우 전직지원프로그램이 상시적으로 개설되어 있지 않으며 전직지원 프로그램 신청자를 포함하여 교육 신청자가 20명이 될 때 해당 프로그램을 실시한다. 일반 직원 퇴직(예정)자 프로그램은 신청자를 대상으로 1일 4시간씩 매주 2회로 총 36시간 진행되며 그룹 워크숍, 1:1 컨설팅, 직업정보와 잡매칭을 제공한다. 특히 A사는 일자리 발굴팀의 적극적인 활동을 통해 직무 유관 기업과 중견 하청기업을 대상으로 잡매칭이 활발하게 이루어지고 있다. 일반 직원의 전직지원프로그램 내용은 <표 1-7>과 같다.

〈표 1-7〉 A사의 일반 직원 대상 전직지원프로그램

구 분	주요 내용
변화의 인식	• 사회 환경의 변화와 직업세계의 변화 인식 • 퇴직 후 변화에 대한 대처 및 자기효능감 증진
전직 준비 및 실행	• 전직을 위한 경력분석, 이력서 작성 • 경력목표 설정 및 전략 수립, 전직 준비
제2의 인생설계	• 행복한 미래를 위한 생애 영역별 조망 • 과거 조망을 통한 미래 설계 및 실행 계획 수립
전직 후 안정화	• 중소기업 현황 이해 및 역할과 목표 설정 • 커뮤니케이션 전략 및 성과 창출 방안 모색

출처: A사 내부자료를 재구성함.

　일반 직원을 대상으로 한 전직지원프로그램과 함께 퇴직(예정) 임원을 대상으로 별도의 전직지원프로그램을 제공하고 있다. 프로그램의 내용을 임원들의 퇴직 이후의 직무역량 함양, 대기업이 아닌 중소기업에서의 성공적인 역량 발휘, 일과 삶의 조화 등으로 구성된다. 교육과 함께 1:1 컨설팅을 받을 수 있으며 이 과정에서 경력목표 설정과 제2의 인생설계를 위한 서비스가 제공된다. 임원 프로그램은 총 40시간으로 운영되고 있다. <표 1-8>은 프로세스별 임원 대상의 전직지원프로그램 내용이다.

〈표 1-8〉 A사의 임원 대상 전직지원프로그램

구 분	주요 내용
변화의 인식	• 사회 환경 변화와 직업세계 변화 인식 • 퇴직 후 변화에 대한 대처, 자신감 증진
전직 준비 및 실행	• 인생 2막의 직업에 대한 개념 정립 • 경력목표 설정 및 전략 수립, 전직 준비 • 취업 및 창업 준비, 중소기업의 이해 • 네트워킹, 이미지 메이킹
제2의 인생설계	• 행복한 미래를 위한 생애 영역별 조망 • 과거 조망을 통한 미래 설계 및 실행 계획 수립 • 인생설계, 재무, 세무, 법률, 건강, 여가, 가족
전직 후 안정화	• 중소기업 현황 이해 및 경영자로서 위상 제고 • 퍼스널 브랜딩과 리더의 조건 재정립

출처: A사 내부자료를 재구성함.

(2) B사

　B사의 전직지원센터에서는 2005년 10월부터 'ㅇㅇPlan'이라는 명칭으로 전직지원프로그램을 시행하고 있으며, 자사의 직원들이 퇴직 후에도 업무 전문성을 지속적으로 유지할 수 있도록 지원하고 있다. B사의 전직지원프로그램은 크게 경력연계교육과 퇴직워크숍, 전직실행지원으로 구분된다. 경력연계교육은 개인별 업무 경력 리뷰, '나'에 대한 이해, 목표별 전직교육, 경력관리 방향성 제안이 포함된다. 퇴직워크숍은 퇴직업무지원, 명예로운 퇴임식, 힐링 프로그램, 긍정적인 삶의 인식 등 퇴직 후의 심리 안정과 변화에 대한 적응, 새출발을 위한 프로그램으로 구성된다. 전직실행지원은 대상자의 니즈를 기반으로 유형을 분류한 후에 유형별 적합 전직활동 지원, 전문교육기관 추가 연계, 상생의 전직이 포함된다.

　전직지원프로그램의 운영 프로세스는 자가진단, 전직교육, 전직 구체화, 1:1 컨설팅, 퇴직 워크숍, 실행지원의 6단계로 이루어진다. 첫 번째 자가진단 단계에서는 개인별 적성 진단, 업무 경력 점검, 맞춤형 진로 탐색 후에 개인별 분석보고서가 제공된다. 두 번째 전직교육 단계에서는 개인 분석보고서를 참고하여 목표별 분반 교육이 시행되고 재취업, 창업, 귀농·귀촌의 3개 프로그램으로 구분된다. 전직교육에서는 전기, 선로, 통신 등 직무 트렌드를 탐색하고 사회 재진입을 위한 실전체험 중심 교육이 진행된다. 세부적으로 재취업 과정은 필요한 자격증 취득과 이력서 작성, 면접 등에 대한 교육으로 구성된다. 창업 과정은 퇴직자가 B사에서 익힌 기술과 경력이 반영될 수 있는 아이템이나 업종을 선택할 수 있도록 지원한다. 또한, 현장 실습을 통해 창업에 대한 이해도를 높이고 자신이 적응할 수 있을지에 대해 실질적으로 검토한다.

　세 번째 전직 구체화 단계는 2-3주가 소요되며 개인별 전직 실행 계획서 작성과 이를 구체화하기 위한 실습이 수행된다. 네 번째 1:1 컨설팅 단계는 이전까지의 단계는 수행한 후에 참여할 수 있도록 설계했으며 전직 계획서를 검토하여 전문 컨설턴트와 1:1 컨설팅 및 토론을 통해 전직 계획을 확정한다. 다섯 번째 퇴직워크숍 단계는 명예로운 퇴임식과 힐링 프로그램을 운영한다. 여섯 번째 실행 지원 단계에서는 퇴직 후 계획의 실행 점검, 사회공헌활동 지원, 전문기관 연계, 전직정보 제공, 관련 교육 안내, 재취업지원교육을 실시한다.

특히 B사의 경우는 퇴직 이후에 전직지원프로그램을 제공하며 퇴직 후 실업급여 수령이 가능한 기간을 활용하여 프로그램을 집중적으로 시행하고 있다. 실행지원 단계에서 퇴직자의 실제 니즈에 맞춰 신속 취업형, 일반 취업형, 창업·귀농형 등 총 세 가지의 프로그램을 운영하며 퇴직자는 자신이 원하는 교육과정을 선택할 수 있다. 이를 통해 퇴직 후 1년간 개인별 재취업 및 사업계획서를 바탕으로 1:1 컨설팅을 제공한다.

이와 별도로 2016년부터 분기별로 정년퇴직자 중 15%를 최대 2년간 재고용하는 '시니어 컨설턴트' 제도를 운영한다. 시니어 컨설턴트는 재직 당시 3년간의 직무전문성, 업무성과, 인사고과를 반영하여 선발하고 있다. 이를 통해 퇴직자는 지속적으로 전문 역량을 발휘할 수 있는 기회를 제공받고, 회사는 숙련된 전문가를 고용함으로써 고객 만족도를 증진시킬 뿐만 아니라 노하우 전수를 통해 기술 분야의 전문성을 유지할 수 있다. [그림 1-3]은 B사의 전직지원프로그램 진행 프로세스이며, [그림 1-4]는 B사에서 진행하고 있는 전직지원프로그램의 실행 지원 개념도이다.

[그림 1-3] B사의 전직지원프로그램 진행 프로세스

출처: 전직지원서비스 활성화 콘퍼런스. 2020. 2. 21. 발표자료. p. 83.

[그림 1-4] B사의 전직지원프로그램 실행 지원 개념도

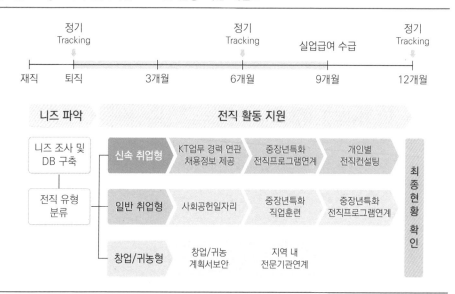

출처: 전직지원서비스 활성화 콘퍼런스. 2020. 2. 21. 발표자료, p. 84.

(3) C사

C사의 전직지원프로그램은 2001년부터 '○○Life Service'라는 명칭으로 시작되었다. 그 후 2009년에 ○○라이프 디자인(○○Life Design)으로 변경되었으며 최근에는 ○○라이프 포털을 통해서 전직지원프로그램이 제공되고 있다. ○○라이프 서비스는 2001년에 주임급 35명을 대상으로 1년에 2차례 반기별로 시행되었고 사내에서 긍정적인 반응이 나오자 2004년부터 반장급까지 범위가 확대되었다. ○○라이프 서비스는 국내 대기업의 인재개발원과 민간 전직회사가 공동으로 운영하였으며 집합교육, 1:1 컨설팅, 사무 공간 제공, 사외교육 등으로 구성되었다. 2005년에 대기업의 분사법인이 업무를 위탁하여 독자적으로 프로그램을 운영하게 되었고 이전부터 대기업 직원을 컨설팅해 오던 민간 전직지원회사의 컨설턴트를 채용하여 프로그램의 연속성을 유지하였다. ○○라이프 디자인은 2009년부터 시작되었으며 프로그램은 집합교육(8일), e러닝, 개인별 맞춤형 컨설팅으로 구성하여 3개월 과정을 실시하였다. e러닝 과정은 단순지식 전달형 과목을 중심으로 핵심과정과 관심분야별 권장과정으로 구분해 운영하였으며 무엇보다도 자기주도적 학습을 강조하였다.

2015년에는 대기업 인재개발원이 출범하면서 이곳에서 전직지원프로그램을 위탁 운영하고 있고 서비스 대상자를 50세 이상의 모든 직원으로 확대하여 시행하였다. 필수 교육과정은 크게 생애설계, 재취업, 창업, 재테크의 4개 분야로 구성되며 구체적인 교육 내용으로 생애설계는 성공적 삶을 위한 계획, 퇴직 전후 시간관리, 휴먼 네트워킹이 포함된다. 재취업은 목표 기업 선정 및 구직 루트 발굴, 50대에 다시 쓰는 이력서, 면접 성공 전략, 자격증 제도 안내로 구성된다. 창업은 창업가 정신 및 창업 아이템 선정, 사업계획서 작성, 재테크 분야는 손에 잡히는 경제, 부동산 이것만 알고 시작하자 등이 진행된다. 4개 분야의 과정에는 관심 분야별로 추가 학습이 가능하도록 권장 과정을 별도로 운영하고 있다.

1:1 컨설팅 역시 생애설계, 재취업, 창업, 재테크의 4개 분야로 구성된다. 생애설계의 경우 DISC 진단과 노후준비도 결과에 따라 니즈 분석(성격유형검사, 과거 경력 및 핵심 역량 진단 등), 경력개발계획, 퇴직자 관련 정보, 생애목표 및 활동계획, 시간관리, 스트레스 관리, 커뮤니케이션 스킬, 인맥관리, 리스크 관리 등이 진행된다. 재취업 분야는 직업 적성과 가치관 진단을 통해 재취업 동향, 구직 루트 발굴 전략, 유망 교육 및 자격증 안내, 이력서 및 자기소개서 작성법, 면접 스킬, 연봉-채용 협상, 취업제의 분석, 새 직장 적응하기 실업급여 및 정부지원 제도 등으로 구성된다. 창업은 창업적성 결과를 바탕으로 실전 사업계획서 작성을 위한 창업아이템 선정, 입지선정, 마케팅 전략 및 재무계획, 성공적 사업실행을 위한 경영전략이 진행된다. 재테크는 생애 재무 진단을 통해 재무와 부동산 관련 투자 및 운용 전략으로 구성된다. <표 1-9>는 C사의 전직지원프로그램이다.

<표 1-9> C사의 전직지원프로그램

구 분	교육(필수 과정)	개인별 맞춤 컨설팅
생애 설계	• 성공적인 삶을 위한 계획 • 퇴직 전후 시간관리 • 휴먼 네트워킹	• 성격유형검사, 과거 경력 및 핵심 역량 진단 • 경력개발계획, 퇴직자 관련 정보, 생애목표 및 활동계획, 시간관리, 스트레스 관리 • 커뮤니케이션 스킬, 인맥관리, 리스크 관리

재취업	• 목표기업 선정 및 구직 루트
	  발굴
	• 50대에 다시 쓰는 이력서
	• 면접 성공 전략
	• 자격증 제도 안내
		• 직업 적성과 가치관 진단을 통해 재취업 동향,
		  구직루트 발굴 전략, 유망 교육 및 자격증 안내,
		  이력서 및 자기소개서 작성법, 면접스킬, 연봉
		  및 채용 협상, 취업제의 분석, 새 직장 적응하기
		  실업급여 및 정부지원제도

창업	• 창업가 정신 및 창업 아이템
	  선정
	• 사업계획서 작성
		• 창업아이템 선정, 입지선정, 마케팅전략 및
		  재무계획, 성공적 사업실행을 위한 경영전략

재테크	• 손에 잡히는 경제 • 부동산 이것만 알고 시작하자	• 생애 재무 진단을 통해 재무와 부동산 관련 투 자 및 운용 전략

출처: C사 내부자료를 재구성함.

(4) D사

D사는 자체 전직지원센터를 보유하고 있지 않으나 퇴직 임직원이 대거 발생할 경우, 미리 전직지원 컨설팅회사를 선정하여 퇴직자가 그곳에서 전직지원프로그램에 참여할 수 있도록 지원해 왔다. 2013년에 퇴직 임원을 대상으로 6개월간 전직지원프로그램을 제공하였으며 이때 퇴직 임원의 70%가 전직지원프로그램을 신청하였다. 이 시기에 D사는 전직지원 컨설팅회사를 2곳을 선정하여 개인별로 선택할 수 있도록 운영하였고 재취업 및 창업 프로그램 지원, 사무실 이용, 비서 업무를 제공하였다. 재취업 프로그램은 성격유형 분석 통한 자아탐색, 이력서 및 자기소개서 작성, 이미지 메이킹 등으로 구성되었으며 창업은 창업컨설팅 전문기관을 통해 창업교육, 1인 창업지원, 지식재산권의 비즈니스 모델 수립 등이 포함되었다. 그 밖에 퇴직 후 자산관리법, 부동산 및 주식투자법, 건강을 위한 중년 남성의 동안 관리법, 스트레스 줄이기 교육이 진행되었다.

또한, 2016년 9월부터 '○○라이프'라는 전직지원프로그램을 시행하였으며이 프로그램은 1965년 이전에 출생한 임직원 2,000여 명을 대상으로 시작하였

다. 신청한 직원에게 직전 연봉의 50%를 지급하는 대신 주 20시간만 일하도록
하며 줄어든 급여는 교육비와 활동비로 대체하여 지원받고, 나머지는 정부의 장
년 근로시간 단축 지원금 제도를 통해 보존받도록 하였다. 전직지원프로그램은
외부의 컨설팅회사가 수행하였고 변화관리, 재무설계, 재취업과 창업 프로그램
으로 구성되었다. 변화관리는 퇴직 후에 겪게 되는 상실감과 불안감 감소를 위
한 교육과 워크숍이 시행되었고 재취업과 창업의 경우 1:1 컨설팅이 이루어졌으
며 여기에는 심리상담과 재무컨설팅이 포함되었다. <표 1-10>은 D사의 전직
지원프로그램 내용이다.

〈표 1-10〉 D사의 전직지원프로그램 내용

전문 컨설팅회사의 전직지원프로그램 제공 + 사무실 제공과 비서 업무 지원	
재취업	• 성격유형 분석 통한 자아탐색 • 이력서 및 자기소개서 작성법 • 이미지 메이킹
창업	• 창업컨설팅 전문기관을 통해 창업교육 • 1인 창업지원 • 지식재산권의 비즈니스 모델 수립
재테크	• 국민연금보험공단의 '4대 보험 이해' 교육 • 퇴직 후 자산관리법 • 부동산 및 주식투자법
건강	• 중년 남성의 이미지 관리법 • 스트레스 줄이기

(5) E사

E사는 국내에 전직지원프로그램이 본격적으로 도입된 2002년부터 전국 5곳
에 전직지원센터를 개설하여 서비스를 실시하였다. 전직지원프로그램과 컨설팅
은 전직지원 컨설팅회사에 의뢰하여 진행하였으며 대상자는 1,180명이었다. 이
후 2014년에 다시 한 번 대규모 구조조정 후 명예퇴직 대상자에게 전직지원프
로그램을 실시하였고 현재는 매년 말 상시적으로 40-50여 명 수준의 퇴직자 중
에서 희망하는 근로자에게 이 프로그램을 제공하고 있다. 특히 E사의 경우 기업
고객을 대상으로 전직을 원하는 퇴직 근로자에게 공공 전직지원센터와 협약하

여 재취업과 창업컨설팅을 지원하고 있다.

컨설팅 기간은 개인별 초기상담 후 3개월 이내로 진행하며 이후 3개월의 사
후관리를 받을 수 있다. 프로그램은 재취업의 경우 전담 컨설턴트를 배정하여
개인의 적성과 역량 분석 후 구직전략을 수립하고 잡매칭을 실시한다. 창업컨설
팅은 아이템 선정, 시장조사 후 창업계획서 작성, 상권분석 및 타당성 조사, 점
포선정, 계약 및 점포 오픈 등의 과징이 진행된다. [그림 1-5]는 E사의 전직지원
프로그램 내용이다.

[그림 1-5] E사의 전직지원프로그램 내용

재취업서비스

고객에게 전문 취업 컨설턴트를 전담으로 배정하여 개인의 적성과
역량에 맞는 구직전략을 취업컨설팅과 함께 제공

전직지원서비스

창업관련 교육, 상담 및 컨설팅 사무공간 등
체계적이고 종합적인 서비스 지원으로 재취업이나 창업지원

창업지원서비스

아이템 선정, 시장조사 창업계획서 작성, 상권분석 및 타당성 조사,
점포선정, 계약 및 점포 오픈에 이르는 전반적인 창업컨설팅을 제공

출처: E사 홈페이지

E사와 같이 전직지원프로그램을 전적으로 민간 전직지원회사에 의뢰하여 시
행하는 경우에는 회사의 산업 분야와 업종에 대해 충분한 이해를 바탕으로 교육
과 컨설팅이 진행될 수 있도록 회사 차원에서 프로그램의 질 관리가 요구된다.
교육프로그램의 구성과 내용, 1:1 컨설팅의 내용과 수준이 적합한지를 확인하고
피드백해야 하며 프로그램의 효과성에 주의를 기울여야 한다.

2) 민간 재취업지원서비스 회사

민간 재취업지원서비스 회사는 외국계 회사와 국내 자생 회사로 분류할 수 있으며, 재취업지원서비스만 실시하는 회사와 재취업지원서비스와 더불어 교육훈련 프로그램을 병행하여 실시하는 회사로 구분할 수 있다. 다음의 국내 사례 중에서 F, H사는 외국계 재취업지원서비스 회사이며 G, I사는 국내 토착 회사이다. 또한, F, I사는 재취업지원서비스만을 운영하고 있으며 G, H사는 재취업지원서비스와 이와 연결된 교육훈련 프로그램을 시행하고 있다. 각 회사가 실시하는 재취업지원서비스의 내용은 다음과 같다.

(1) F사

F 전직지원 컨설팅회사는 1998년부터 전직지원서비스를 시행한 회사이다. 국내에서 서비스를 수행하기 전에 해외 본사의 컨설팅 매뉴얼을 번역하여 국내 실정에 맞게 체계화하는 작업을 우선적으로 하였다. 자체 개발한 온라인 컨설팅 시스템을 갖추고 있으나, 현재 국내에서는 활발하게 사용되고 있지 않다. F사에서 초창기 전직지원프로그램에 참여했던 임원진과 컨설턴트들이 추후에 기업의 전직지원센터와 대학교의 관련 센터로 전직하여 컨설팅과 교육에 참여함으로써 우리나라 전직지원 시장을 주도한다고 평가된다.

F사의 프로그램은 구조조정·재취업·창업·생애설계 프로그램으로 구분된다. 첫째, 구조조정 프로그램은 구조조정 계획 서비스로서 구조조정 전 계획 수립, 구조조정 통보교육, 통보과정 현장지원으로 구성된다. 그러나 현재 이 분야의 전문가가 없을 뿐만 아니라 기업의 구조조정 개입과 관련된 역량과 자원을 보유하고 있지 않아 실제적으로 컨설팅이 시행되지 않고 있다. 둘째, 재취업 프로그램으로는 감정관리, 행정지원, 1:1 컨설팅, 자사 온라인 시스템 지원, 잡 발굴팀의 비공개 채용정보 제공이 포함된다. 그중 1:1 컨설팅에서는 진단을 통한 핵심 역량 분석, 구직서류 작성, 기업 및 산업분야 조사, 면접 훈련, 협상 전략 수립 등의 스킬 개발과 코칭이 이루어진다. 특히 재취업지원 활동에는 서치펌과 헤드헌터를 대상으로 상시적인 채널 구축을 통해 비공개채용 정보 제공이 포함되며 고객사의 특성에 따라 전직 가능 분야의 기업 HR팀을 대상으로 전화 마케팅이 실시된다. 셋째, 창업 프로그램은 창업 진단과 사업자 역량 분석을 통한 창

업 아이템 선정, 경영전략 코칭, 창업 성공 사례와 노하우 전수, 상권분석, 마케팅 전략 수립이 포함되며 1:1 컨설팅으로 진행된다. 넷째, 생애설계 프로그램은 중년퇴직에 대한 재성찰, GLSP(Golden Life Success Program) 진단을 통한 생애설계, 일·건강·재무·여가·관계에 대한 이해, 고령자 재취업 시장 이해, 구직기술 습득, 인생사명서 작성으로 구성된다.

이와 별도로 집합교육으로는 3대보험 안내, 변화관리, 구직방법, 면접전략, 부동산 재테크, 자기진단, 유망직업 소개, 경력관리 등의 과목이 진행된다. F사의 경우 1:1 컨설팅에 주력하여 전담 컨설턴트의 역할을 중요시하며 이를 위해 회사 내의 역량 강화 교육을 주기적으로 실시한다. 그러나 컨설턴트의 개인적인 역량에 지나치게 의존하는 경향이 있으며 컨설팅의 질을 컨설턴트 스스로가 관리하고 있는 상황이다. 이 점은 전직지원프로그램을 진행하면서 컨설팅에 대한 수퍼비전의 필요성이 제기되는 지점이기도 하다. F사가 운영 중인 재취업·창업·임원컨설팅 과정은 다음의 표에 상세하게 설명되어 있다.

〈표 1-11〉 F사의 재취업 프로그램

단 계	1:1 컨설팅 내용
ASSESS	• 오리엔테이션/퇴직 후 심리상태 점검 • 경력분석/희망 분야 파악 • 향후 컨설팅 일정 작성/첫 미팅 실시
	• 직업가치관진단, 성격 및 성향 진단, 역량 진단, 핵심역량 진단
	• 만족, 불만족 업무요인 분석, 이상적인 직업 요건 도출
	• 경력목표 설정 및 액션 플랜 수립
BUILD	• 구직서류 작성 방법 설명 및 샘플 제공 • 구직서류 수정, 보완, 완성, 홍보용 프로파일 작성
	• 구직기술 전략 수립 • 구인정보 조사, 서치펌 및 채용사이트 활용 전략
	• 네트워킹 전략 수립
ACTION	• 개인별 마케팅 전략 수립 및 실행
	• 인터뷰 답변서 준비
	• 개인별 목표기업 리스트 작성 및 프로파일 홍보
	• 서치펌 활용 및 프로파일 홍보
	• 잡포털 사이트 공개 채용정보 조사 및 공유
	• 네트워크 실행
CONNECT	• 인터뷰 시뮬레이션, 커뮤니케이션 스킬
	• 잡 오퍼 분석 및 협상전략, 새 직장 적응 및 향후 경력관리 • 프로그램 평가

출처: F사의 내부 자료

〈표 1-12〉 F사의 창업 프로그램

단 계	1:1 컨설팅 내용
ASSESS	• 오리엔테이션/퇴직 후 심리상태 점검 • 경력분석/희망 분야 파악 • 향후 컨설팅 일정 작성/첫 미팅 실시
	• 재무구조 파악, 창업자 적성검사, 직업가치관 · 성격 · 성향 진단
BUILD	• 아이템 시장조사 및 아이템 예비 확정
	• 사업형태 결정(체인점, 독립형, 법인 등), 사업타당성 분석
	• 아이템 확정
	• 창업 성공 및 실패 사례 연구
ACTION	• 상권분석, 입지분석, 설립인허가절차
	• 사업계획서 작성
	• 현장실습, 프랜차이즈 기관 방문, 정밀 사업타당성 검토
	• 점포계약, 부동산 계약서 검토, 인테리어 및 개업 준비
CONNECT	• 창업 세무, 점포진단 및 경영진단
	• 점포관리 및 경영노하우, 점포 마케팅 및 기업 마케팅 • 프로그램 평가

출처: F사의 내부 자료

〈표 1-13〉 F사의 생애설계 프로그램

단 계	1:1 컨설팅 내용
ASSESS	• 오리엔테이션/퇴직 후 심리상태 점검 • 경력분석/희망 분야 파악 • 향후 컨설팅 일정 작성/첫 미팅 실시
	• 직업가치관진단, 성격 및 성향 진단, GLSP(Golden Life Success Program) 진단
BUILD	• 주도적인 삶과 의미, 중년퇴직에 대한 재성찰, 일에 대한 재인식, 건강과 노화
	• 건강한 노후생활을 위한 재정안정 • 여가생활 설계 • 삶의 균형과 행복 • 가족과 대인관계
	• 고령자 재취업 시장의 이해 • 구직서류 작성, 보완, 수정
ACTION	• 개인별 마케팅 전략 수립 및 실행 • 네트워킹 전략 수립 및 실행 • 인터뷰 답변서 준비
CONNECT	• 인터뷰 시뮬레이션 • 잡 오퍼 분석 및 협상전략
	• Life Planning • 인생사명서 작성 • 프로그램 평가

출처: F사의 내부 자료

(2) G사

G 전직지원 컨설팅회사는 외국계 전직지원 컨설팅회사와 달리 우리나라의 기업과 근로자의 특성을 바탕으로 설계되어 있다는 점이 특징이다. 특히 카운슬링 중심의 컨설팅보다 취업지원에 더 비중을 둔다고 공식적으로 표명한다. 전직지원프로그램으로 퇴직자를 위한 재취업 프로그램, 정년 퇴직자를 위한 정년설계 프로그램, 재직자를 위한 경력관리 프로그램, 저성과자 관리 프로그램, 퇴직 임원을 위한 임원 프로그램, 창업 프로그램으로 구성되어 있다. 이들 프로그램에 자기진단, 경력목표 설정, 대안탐색, 셀프마케팅, 직능교육, 취업정보 제공,

창업정보 제공 등의 서비스와 추가적으로 사무공간을 제공하고 있다. 특별히 G
사는 진단 도구인 버크만 진단을 사용하여 개인의 행동 특징, 동기, 스트레스,
직업적 흥미도를 파악해 왔다. 이를 통해 경력 설계와 조직 내의 커뮤니케이션
기술 향상에 활용하였다. 또한, 전직지원프로그램과 함께 청·장년층을 대상으
로 취업성공패키지를 수행 중이며 평생교육원시설을 보유하고 있다.

　　G사의 전직지원프로그램 프로세스는 먼저 개인을 대상으로 자기진단을 한
후에 경력 목표를 설정하여 재취업·창업·생애설계 프로세스를 진행하도록 되
어 있다. [그림 1-6]은 G사의 전직지원프로그램의 프로세스이다.

[그림 1-6] G사의 전직지원프로그램의 프로세스

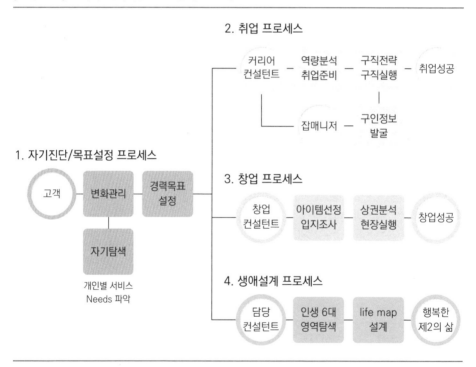

출처: G사 홈페이지

재취업 프로그램은 탐색·실행·Restart 프로세스로 구분된다. 구체적인 내용은 [그림 1-7]과 같다.

[그림 1-7] G사의 재취업 프로그램 진행 프로세스

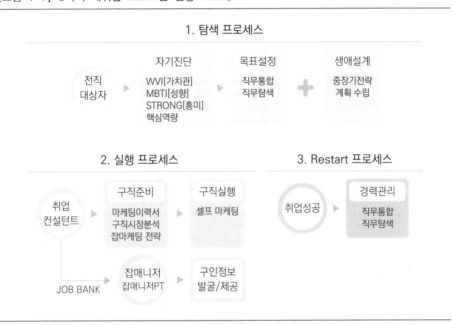

출처: G사 홈페이지

G사의 창업 프로그램은 [그림 1-8]에서 보듯이 워크숍을 통해 비즈니스모델을 수립하여 개인 상담 후 창업 전문 컨설턴트의 컨설팅을 받아, 실제 창업을 행동화하는 것으로 구성된다.

또한, G사는 개인의 경력관리 프로그램을 운영하고 있다. 이 프로그램은 3개의 모듈로 구성되어 있고 컨설팅이 아닌 교육을 통한 개인 학습과 개발에 집중되어 있다. [그림 1-9]는 G사의 경력관리 프로그램 내용이다.

[그림 1-8] G사의 창업 프로그램 진행 프로세스

출처: G사 홈페이지

[그림 1-9] G사의 경력관리 프로그램

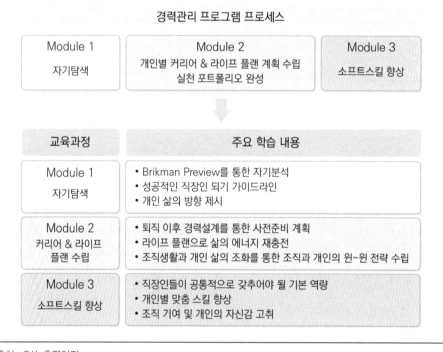

출처: G사 홈페이지

(3) H사

H사는 해외에서 산업재해 근로자들의 재활과 사회복귀를 위해 설립되었으며 그 후 유럽 국가에서 고용서비스 사업으로 영역을 확대하였고, 2008년에 국내에 진입하였다. 현재 전직지원프로그램으로 재취업·창업·생애설계 프로그램을 진행할 뿐만 아니라 고용노동부의 국민내일배움카드가 적용되는 직업교육훈련 프로그램을 상시적으로 개설하고 있으며, 취업성공패키지를 전국적으로 시행하고 있다. H사의 전직지원프로그램 중 재취업 프로그램은 전담 컨설턴트가 배정되어 초기상담부터 취업알선까지 진행되며 필요시 전문 심리상담사의 심리상담이 제공된다. 또한, 퇴직자의 구직활동지원금이 책정되어 컨설턴트의 재량으로 고객의 구직활동, 참여의지, 성공의지를 고양시키기 위해 사용되고 있으며 별도의 채용기업서비스팀을 두어 퇴직자의 특성에 맞는 구인처 개발과 구인처와 퇴직자의 요구를 중재하고 있다. H사 컨설팅의 특징으로는 슈퍼비전이 수행되는 것이며 이를 통해 컨설팅의 질 관리와 컨설턴트의 역량 강화를 도모하고 있다. [그림 1-10]은 전직지원프로그램에 참여하는 퇴직자에게 제공되는 프로그램의 내용이다.

창업 프로그램은 회사에 고용된 창업 컨설턴트와 외부 전문기관의 전문가들의 협업을 통해 수행된다. 컨설팅 과정은 창업 희망자의 준비 정도와 기질을 확인한 후 창업 지식 습득 및 준비 완료, 사업계획서 작성, 창업 장애물 제거, 점포관리·인력관리·마케팅 전략 수립, 최종 점검 및 창업 시도로 구성된다. [그림 1-11]은 H사의 창업 프로그램의 프로세스이다.

[그림 1-10] H사의 전직지원서비스 참여자 혜택

전담 컨설턴트 배정	맞춤형 일대일 컨설팅	그룹 워크숍
• 초기상담부터 취업알선까지 개인별 전담 컨설턴트가 배정되어 서비스 진행	• 100% 재취업/창업 성공을 위한 개인별 집중 서비스 • 필요시 전문 심리상담사의 심층심리상담 제공	• 재취업/창업을 위한 전직 교육 • 재무/관계/여가/건강 생애 설계 교육 • 실업급여/국민연금/건강 보험 등 행정처리 안내

적극적 취업알선	전국 구직활동공간
• 적극적인 고객마케팅을 통한 취업알선과 잡매칭 • 오픈잡+히든잡 발굴 및 헤드헌터 연계	• 항시 이용 가능한 사무실 제공(서울을 비롯 전국 대도시권) • 개인별 PC/전화, 공용 프린터/팩스 • 음료/다과 제공

출처: H사 홈페이지

[그림 1-11] H사의 창업 프로그램 프로세스

창업 지식 습득 및 준비 완료	사업 계획서 작성	창업 장애물 제거	점포관리, 인력관리, 마케팅 전략 등	최종 점검 및 창업 시도	창업 성공 유치
	• 단계별로 실천할 수 있는 구체적인 활동 계획서 작성을 돕고 전문 상담을 통해 취·창업 전략 기반 세움	• 창업을 진행할 경우 현실상 부딪히는 문제들을 내/외부 전문가를 통해 신속하고 정확하게 진단 및 조언	• 실제 진행을 위한 준비과정에 있어 외부기관의 필요한 자원이 제공되며, 거시적 차원에서의 전략을 수립	• 최종 의사 결정된 창업 아이템에 대해 실제 창업 진행 • 실패율 0%를 위한 컨설턴트 밀착 코칭	

출처: H사 홈페이지

또한, H사의 임원 프로그램은 퇴임 임원 개개인의 사전 요구조사를 통해 프로그램을 설계하여 개인별 통합서비스를 구성한다. 임원과의 사전 미팅과 요구조사 실시 후 개인별 선호 옵션을 조정하여 프리미엄 패키지를 설계하고 재취업·창업·생애설계 교육을 진행한다. 프로그램에는 주로 개인 집무 공간 제공, 비서 및 행정 서비스, 국내외 이주 사례 탐방, 1:1 컨설팅, 워크숍, 생애설계 등이 포함된다. [그림 1-12]는 H사의 임원 프로그램의 설계 과정이다.

[그림 1-12] H사의 임원 프로그램 설계 프로세스

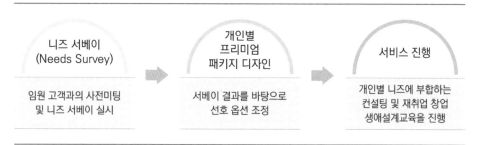

출처: H사 홈페이지

(4) I사

I사는 개인종합재무설계회사로 출발하여 현재 전직지원프로그램을 사업부 단위로 운영하고 있으며 생애경력설계 분야에 집중하고 있다. 재무설계 전문 회사의 특성상 개인 진단단계에서 재무 진단을 기반으로 생애경력을 설계하는 점이 타 회사와 차별된다. 최근에 보험회사의 퇴직자를 대상으로 생애경력설계 프로그램을 진행하며 전문성을 축적하고 있는 것으로 파악된다. 전직지원프로그램으로는 전담 컨설턴트 지원이 없는 일반형과 전담 컨설턴트가 지원되는 맞춤형, 그리고 생애경력관리 프로그램으로 구성된다. 일반형은 3단계로 진행되며 퇴직자들이 스스로의 성향과 핵심 역량을 이해하여 이를 기반으로 최적의 구직 활동을 할 수 있도록 제공된다. 그리고 취업 후까지 지속적인 관리가 포함된다. 일반형의 내용은 [그림 1-13]에 상세하게 설명되어 있다.

[그림 1-13] I사의 일반형 전직지원프로그램

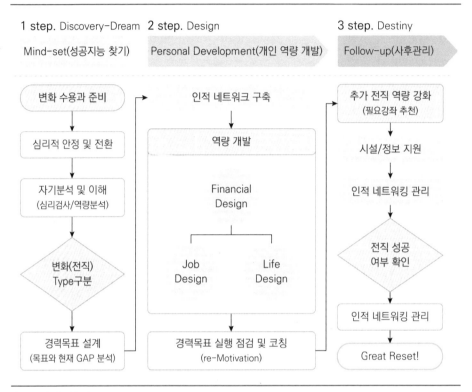

출처: I사 홈페이지

   맞춤형 프로그램에서는 상시적으로 발생하는 소규모 퇴직자를 위한 것으로 1:1 전담 컨설턴트가 배치되어 컨설팅과 집합교육을 병행한다. 프로그램으로 진단, 재무·일·생애경력 설계, 시설지원, 사후관리와 평가가 포함되며 전환기의 변화와 관련하여 4개 영역의 분석을 통해 단계별 컨설팅이 진행된다. [그림1-14]는 I사의 맞춤형 프로그램 내용이다.

[그림 1-14] I사의 맞춤형 전직지원프로그램

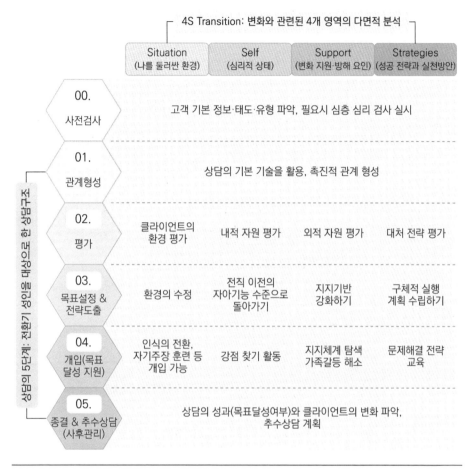

출처: I사 홈페이지

생애경력관리 프로그램은 경력 중기의 조직원늘이 자신의 경력을 재설정함으로써 조직에 더 몰입하고 조직 및 사회에 적응하여 홀로서기를 지원하는 연령별 프로틴 커리어 설계를 지향하고 있다. I사에서는 프로틴 커리어를 "환경의 변화에 따라 자신의 인생과 경력을 재조정할 수 있는 능력을 갖춘 경력"으로 소개하고 있다. [그림 1-15]는 I사의 생애경력관리 프로그램 내용이다.

[그림 1-15] I사의 생애경력관리 프로그램

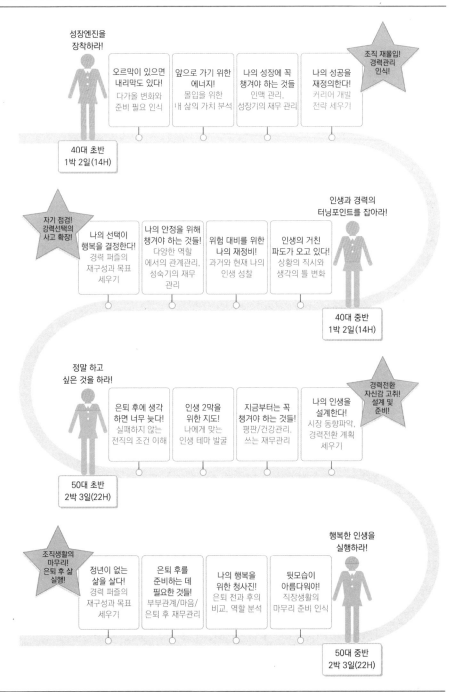

출처: I사 홈페이지

3) 공공 재취업지원서비스 기관

공공 재취업지원서비스 기관으로는 고용노동부가 중장년의 고용안정 및 취업촉진을 도모하기 위해 시행하고 있는 J센터와 K센터를 선정하였다. J센터는 가장 활발하게 운영되는 재취업지원서비스 기관이다. 또한, K센터는 2004년 이후 현재까지 지속적으로 서비스를 제공해 온 기관이므로 전문성과 노하우를 파악하는 차원에서 구체적인 내용을 살펴보았다.

(1) J센터

J센터는 노사정위원회의 '일자리 만들기 사회협약'에 근거하여 2005년에 설립되었으며 중장년을 대상으로 생애경력설계서비스, 전직스쿨프로그램, 재도약 프로그램을 실시하고 있다. 전국에 12센터와 1개의 금융권 전직지원센터가 있어 전국 단위의 교육과 상담이 가능하다. 퇴직(예정)자가 J센터의 홈페이지에서 프로그램 신청하기 버튼을 클릭하면 워크넷과 바로 연결되어 J센터의 세부 교육 프로그램을 검색할 수 있고 적합한 과정을 선택하여 신청할 수 있다.

생애경력설계서비스는 40세 이상 재직자와 구직자를 대상으로 하여 실시되고 재직자인 경우 각각 40대, 50대, 60대로 구분하여 경력전성프로그램을 운영한다. 구직자는 생애 중간 시점에 본인의 경력을 조망하고 인생 2막을 준비할 수 있도록 설계되어 있다. 생애경력설계서비스는 대부분 신청 접수 후 집합교육으로 진행되고 재직자의 경우 기업 내의 강의장을 활용한다.

전직스쿨프로그램은 1:1 맞춤 재취업·전직 컨설팅, 구인구직 알선서비스, 구직지원 서비스, 전직지원 교육프로그램으로 구성되며, 대상자는 40세 이상 퇴직(예정)자로 3개월 동안 무료로 이용할 수 있다. 1:1 맞춤 재취업·전직 컨설팅은 개인별 취업활동계획을 수립하여 경력목표별(취업, 창업) 1:1 상담이 지원되며 구직서류 코칭, 면접 코칭 등이 수행된다. 구인구직 알선서비스는 구인기업 발굴, 적합 인재 추천, 중견 전문인력 풀 운영 및 매칭서비스 제공이 포함되며 구직지원 서비스는 이력서 증명사진 무료 촬영, 구직활동 공간 및 휴게 공간이 제공되고, 전직지원 교육프로그램은 재취업 역량강화 특강, 재도약 프로그램 및 취업동아리 운영이 진행된다. 특히 구인기업을 적극적으로 발굴하여 잡매칭서비스를 강화하기 위해 구인개척단과 중소기업 현장 방문단을 운영하고 있다. [그림 1-

16]에서는 J센터의 전직스쿨프로그램 내용을 도식화하였다.

[그림 1-16] J센터의 전직스쿨프로그램 내용

1:1 맞춤 재취업· 전직 컨설팅	구인구직 알선서비스	구직지원 서비스	전직지원 교육프로그램

• 전문 컨설팅 배정
• 개인별 체계적 분석
• 취업 및 창업 1:1
  상담 지원
• 이력서 작성, 면접
  코칭 등
	• 구인기업을 적극 발굴
	• 기업에 적합한 인재
	  추천
	• 중견전문인력 풀 운영
	  및 매칭서비스 제공
		• 이력서 증명사진 무료
		  촬영
		• 구직활동 공간 및 휴게
		  공간 제공
			• 재취업 역량강화 특강
			• 재도약 프로그램 운영
			• 취업동아리 운영

자료: J센터 홈페이지

재도약프로그램은 경력목표(재취업, 창업, 귀농귀촌, 은퇴설계)에 따른 교육을 통해 신속하게 인생 2막 설계 후 출발할 수 있도록 지원한다. 총 20시간의 교육 후 사후관리로 필요시에 개별 컨설팅, 취업 동아리 연계 등이 진행된다. <표 1-14>에서 J센터의 재도약프로그램 교육과정을 상세하게 설명하였다.

〈표 1-14〉 J센터의 재도약프로그램 교육과정

모듈	모듈 개요	세부 내용	시간 (20H)
오리엔테이션	• 집단 만남의 구조화	• 프로그램 목적 및 취지 안내 • 자기소개 및 친교의 시간	2
숨고르기	• 이전 삶 되돌아보기 • 성공적인 노후설계	• 이전의 삶 되돌아보기, 퇴직 후 변화 관리와 실직 충격 완화하기 • 인생설계 및 생애 속 직업의미 확인	3
출발선 서기	• 직업적성흥미검사 • 경력 및 이력분석	• 직업 적성, 흥미, 가치관 검사 • 구직계획수립	4
도움닫기	• 진로설정 • 취업전략수립	• 진로목표 설정 • 구직전략수립	4
발구르기	• 이력서, 자기소개서 작성 • 면접, 협상스킬	• 이력서 자기소개서 작성 • 면접 이미지 메이킹, 면접 전략 및 실습	5
도약하기	• 취업동아리 구성 및 구직활동	• 동아리 회장 선출 및 활동계획 공유	1
착지	• 평가 및 사후관리	• 프로그램 참여과정 평가 및 마무리	1

출처: J센터 홈페이지

J센터에서는 2014년에 위탁으로 전직지원서비스 표준모델을 개발하였다. 이는 국내에서 실행하고 있는 전직지원프로그램이 전반적으로 구성 체계는 유사하나 세부적으로 차이가 존재하여, 프로그램의 핵심 요소를 파악하고 내용의 효과성을 높여 국가 차원의 표준모델을 제시하고자 하는 목적으로 개발되었다. 그 내용을 세부적으로 살펴보면 <표 1-15>와 같다.

〈표 1-15〉 J센터의 전직지원서비스 표준모델

공 통		재취업		창업	
소개	이모작의 의미	셀프마케팅	이력서 클리닉	창업교육	경제환경과 창업의 이해
	전직지원서비스 소개		자기소개서		기업가정신과 시니어 창업마인드
	직업세계의 변화	정보활용	일자리 정보, DB마케팅		창업지원제도
	재취업콘서트		네트워킹, 인맥활용	창업실무교육	사업성 분석방법
	창업콘서트		정보탐색점검		상권과 입지: 이론과 실제
변화관리	스트레스 관리	목표설정	경력목표 IAP 설정		마케팅전략의 이해
	생애설계		구직목표 설정		경영전략의 이해
	가족관계 관리	구직행동	목표사업체 탐색, 선정	창업아이템	창업트렌드
	친구관계 관리		구직서류 작성		프랜차이즈 이해
	건강관리		서류전형 클리닉		창업아이템 시장조사
	시간관리	면접전략	커뮤니케이션 전략		사업성 분석, 아이템 확정
	생애재무관리		기업의 인사전략		사업계획서 작성
역량탐색	진단 및 분석		면접전략이론과 실제	창업준비	상권분석 및 입지선정
	경력분석	면접	면접준비: 나의소개		임대차 계약
	SWOT		면접준비: 예상질문		점포개발
			모의면접		마케팅전략 수립
			면접클리닉		경영전략 수립
				창업행정	창업아이템 사업체 현장탐방
					사업자등록 절차
					법인설립 절차
					협동조합설립절차
					창업세무

출처: 성지미·안주엽·김동태 (2015). 전직지원서비스 표준모델 개발, pp. 4-5.

(2) K센터

K센터는 2004년에 설립되어 교육과 워크숍을 중심으로 전직지원프로그램을 실시하고 있다. 프로그램은 역량강화 취업 워크숍, 적응교육 워크숍, 시니어 워크숍, 창업 워크숍으로 구성된다. 역량강화 취업 워크숍은 연중 6회 실시되며 고용시장 이해, 적합직종, 직무소개, 개인역량 분석, 직업대안 찾기, 입사지원 및 면접전략, 입사지원서 및 면접 클리닉, 취업성공 선배 및 멘토와의 대화 등으로 설계되어 있다. <표 1-16>은 K센터의 역량강화 워크숍 프로그램의 소개이다.

〈표 1-16〉 K센터의 역량강화 취업 워크숍 프로그램

구 분	내 용	시 간
계		6시간
오리엔테이션, 지원제도 소개	• 등록 및 워크숍 진행 설명 • 정부지원제도	1시간
직종, 직무 소개	• 희망 직종, 직무 소개 *상담사 또는 인사담당자	1시간
입사지원서, 면접클리닉	• 희망 직무 입사지원서 클리닉 • 희망 직무 모의면접 및 클리닉	4시간
선배 멘토 특강	• 취업 준비 노하우 특강	1시간

출처: K센터 홈페이지

적응교육 워크숍은 격월로 연간 6회 실시되고 변화관리와 조직문화 적응을 중심으로 구성되며 프로그램은 변화관리, 의식혁신, 리더십, 조직문화 등으로 2일 동안 진행된다. <표 1-17>은 K센터의 적응교육 워크숍 프로그램이다.

〈표 1-17〉 K센터의 적응교육 워크숍 프로그램

구 분		내 용	시 간
계			12시간
1일 차	OT/지원제도 소개	• 등록 및 워크숍 진행 설명 • 보훈처, 고용부지원제도 소개	1시간
	변화관리	• 전직을 위한 자기 관리 *자가진단 및 개선점 모색	2시간
	의식혁신	• 커뮤니케이션과 갈등 관리 • 조직 내 의사소통 활성화 방법	2시간
	조직문화	• 기업 대표, 인사담당자와의 대화	1시간
2일 차	리더십	• 리더의 역할과 조직관계	1시간
	조직문화	• 근로기준법, 사회보장제도 • 직장인의 프로정신 • 기업이 원하는 인재상 • 직장인 비즈니스 매너	4시간
		• 현장 선배, 멘토와의 대화	1시간

출처: K센터 홈페이지

시니어 워크숍은 연간 2회로 4월과 9월에 진행되며 대상은 공헌형 일자리 희망자와 은퇴 예정자가 된다. 이 워크숍에서는 주로 생애설계가 시행되며 프로그램으로는 사회봉사형 일자리 정보, 기관 소개, 생애설계, 자존감 회복, 자산관리, 건강관리 등이 포함된다. <표 1-18>은 K센터의 시니어 워크숍 내용이다.

〈표 1-18〉 K센터의 시니어 워크숍 프로그램

구 분	내 용	시 간
계		5시간
오리엔테이션, 지원제도 소개	• 등록 및 워크숍 진행 설명 • 사회봉사형 일자리, 기관 소개	1시간
생애경력설계	• 인생 3막 준비, 실행 • 삶 중심 네트워킹	2시간
은퇴 후 설계	• 연금, 자산관리	1시간
	• 은퇴 후 스트레스 및 건강관리	1시간

출처: K센터 홈페이지

마지막으로 창업 워크숍은 서울센터에서는 연간 5회가 진행되며 지방 센터별로 각각 연간 1회가 개최된다. 대상은 기술창업, 일반창업, 사회적 기업, 협동조합 등을 희망하는 개인이며 프로그램은 창업트렌드 이해, 업종별 사업설명회, 창업자문위원 특강, 창업 성공과 실패사례 발표로 구성된다. 2019년 3월부터는 서울센터에 창업지원센터와 인큐베이터실이 운영되고 있다. 또한, 필요시 특강과 설명회가 개최되며 이미지 메이킹, 생활법률, 직업의 세계, 직업교육훈련과정, 성격과 행동유형검사, 노무 이슈, 자산과 건강관리 프로그램이 진행된다.

7. 재취업지원서비스의 해외 사례

각국의 재취업지원서비스는 노동시장의 유형에 따라 그 체계와 내용에 차이가 있다. 미국은 전통적으로 노동시장의 유연성이 높은 나라로 상대적으로 해고와 고용이 용이하게 이루어지며 퇴직관리가 체계적인 나라로 평가된다. 이에 따라 퇴직자에게 전직지원프로그램을 제공하는 사회적 분위기가 일찍 조성될 수 있었다. 반면 일본은 종신고용을 견지한 국가였으나 버블경제가 붕괴한 후에 일본 기업은 고용조정을 불가피하게 시행할 수밖에 없었다. 그렇지만 이러한 경우에도 대량 인력감축은 지양하고 다양한 전직지원프로그램을 제공함으로써 고용조정을 촉진해 왔다. 독일의 경우는 사회적 이슈에 대해 정부, 사회 파트너, 기업, 협회가 문제해결을 위해 상호협력의 태도를 중요시하는 것으로 익히 알려져 있다. 특히 메르켈 정부가 들어서면서 실시된 50＋이니셔티브 정책에는 50세 이상 근로자의 직업훈련, 고용알선, 자영업 설립 비용지원, 채용 시 사업주 보조금 지급 등의 내용이 포함되어 실업자의 직업 복귀와 고용 안정을 견인하고 있다.

서로 다른 유형의 노동시장에 편재된 미국, 일본, 독일의 대표적인 기업과 공공기관의 재취업지원서비스 사례를 파악함으로써 향후 더 나은 구성과 내용의 서비스로 발전할 수 있는 기회를 마련하고자 한다.

1) 미국

미국은 1990년대 이후 (구조적이고 전략적인 이유에서) 건실한 기업인 경우에도 리엔지니어링의 명목으로 다운사이징과 대량해고를 실시했으며, 미국은 일시해고(lay-off)제도가 있었기 때문에 기업이 원활하게 구조조정을 시행할 수 있었다. 이 제도를 기반으로 기업은 고용조정 대상자에게 일정기간 동안 임금을 지급하고 회사의 경영 상태가 회복되어 신규 채용을 할 때는 그들을 우선적으로 채용한다. 고용조정 대상자들은 일시해고 기간 동안 직업능력개발 훈련을 이수하고 전직지원프로그램에 참여한다(김정한·김동헌·오학수, 2001). 미국 경제지 '포춘(Fortune)'이 선정한 글로벌 500대 기업의 70% 이상이 전직 및 재취업 프로그램을 도입하고 있으며, 기업생산성연구소(the Institute of Corporate Productivity)는 2009년에 미국과 영국의 기업 중 80% 정도가 전직지원프로그램을 근로자들에게 제공하고 있다는 조사 결과를 발표한 바 있다(박운영, 2011).

(1) 보잉(Boeing)[11]

퇴직자 지원을 위한 대표적인 정책 모델로 평가받고 있는 노사정 3자 모델, 즉 노사의 노력과 정부기관 및 지역사회가 함께 참여하는 모델로 보잉의 재취업 프로그램을 들 수 있다. 보잉은 1989년에 직원 수가 107,000명이었으나 1994년에는 20,000명으로 감소하였다. 이러한 상황에서 알 수 있듯이 보잉의 감원은 지역경제(워싱턴주)를 파탄으로 치닫게 하였으며, 보잉의 최대 노조인 '전미기계항공노조'도 지역경제의 문제가 심각하다는 사실을 인지하고 결국 노조는 보잉과의 1989년 단체협상으로 QTTP(Quality Through Training Program)를 도입하기로 합의하였다. QTTP는 현직 근로자와 해고된 근로자에게 직업훈련과 경력개발 기회를 지원하기 위해 노사 양측이 공동으로 운영하는 프로그램이다.

그러나 대량해고가 본격적으로 시작되면서 기존의 QTTP나 보잉의 전직지원 프로그램으로는 역부족이라는 것을 깨닫게 되었다. 결국 대량해고가 가져오는 부정적인 결과를 감소시키기 위해, 기존의 QTTP에 정부와 지역을 기반으로 하

---

11) 이 내용은 김동헌 (1998). 미국기업의 고용조정 대상자 지원 사례 연구, 천영희 (2003). 전직지원프로그램의 효과분석 및 개선방안 연구, 김수원·이지연 (2006). 중고령자 능력개발을 위한 제2의 인생설계 지원프로그램 연구를 참고하여 작성하였음.

는 민간단체가 연합해야 하고 이를 통해 더욱 확장된 지원 모델이 필요하다는 사실을 인식하게 되었다. 이에 따라 전미기계항공노조와 보잉은 주정부 및 훈련 기관이 연대하는 광범위한 노사협의회를 1993년 4월에 조직하게 되었다. 이 과정에서 노동부와 AFL-CIO(The American Federation of Labor and Congress of Industrial Organizations)의 인적자원개발연구소의 전폭적인 지원도 받았다. 이렇게 노사정 공동의 노력으로 인해 1993년 11월 1일에 보잉의 재취업 프로그램이 시작되었다. 보잉의 사례는 현재까지도 고용조정 대상자들에게 실질적인 도움을 준 실직자 지원프로그램으로 평가되고 있다.

(2) 와이어하우저(Weyerhaeuer)[12]

와이어하우저는 100년 이상의 역사를 가지고 있으며 조립, 벌목, 건축자재, 종이, 건축, 부동산 등의 분야에서 활동 중인 대표적인 목재회사이다. 와이어하우저의 퇴직자 준비 프로그램인 Healthy Wealthy Wise는 다수의 연수기관, 언론, 타기업으로부터 탁월하다는 평가를 받고 있다. 1980년대에 시작된 이 프로그램은 당시에는 은퇴를 바로 앞둔 60대 근로자에게 제공되었으나 현재는 50세 이상의 근로자를 대상으로 연령대별 3개 그룹으로 나누어 집합교육 형태로 실시되고 있다. 내용으로는 생애설계, 목표설정과 실행계획 수립, 재무설계, 복지제도 등으로 구성되어 있다.

Healthy Wealthy Wise는 근로자들이 프로그램에 적극적으로 참여하여 마인드와 행동의 변화를 도모할 수 있도록 프로그램을 운영한다. 생애설계는 참석자들이 은퇴 후의 생활에 대한 꿈과 희망, 그리고 두려움과 걱정에 대해 직접 작성하게 하며 교육효과 증진을 위해 사전 과제를 부여하여 과제 준비 후 교육에 임하도록 운영되고 있다. 또한, 편안한 강의실 분위기를 조성하고 회사 퇴직자들을 강사로 초청하거나 배우자까지도 교육에 참여할 수 있게 하여 교육의 효과를 높이기 위해 다양한 방법을 모색하고 있다. <표 1-19>는 와이어하우저의 Healthy Wealthy Wise 프로그램 세부내용이다.

---

12) 이 내용은 미래에셋 퇴직금연구소 (2011). 미국 사내 은퇴교육 우수사례 및 시사점을 참고하여 작성하였음.

〈표 1-19〉 와이어하우저의 Healthy Wealthy Wise 프로그램

날 짜	내 용	날 짜	내 용
1일 차 (저녁)	환영 및 소개	2일 차	생애설계와 건강
	생애설계		퇴직자 패널과의 만남
	은퇴로의 이행, 미래 트렌드		은퇴생활에서의 의미 찾기
2일 차	기업복지	3일 차	부동산 설계
	생애설계 실습		공적연금, 노령자 공적의료보험, 건강 및 장기간병보험
	재무설계 1부		토론 및 목표설정
	재무설계 2부		마무리

출처: 미래에셋 퇴직연금연구소 (2011). 미국 사내 은퇴교육 우수사례 및 시사점, p. 24.

(3) 캘리포니아 Experience Unlimited

공공분야의 재취업지원서비스는 연방정부의 정책에 따라 주정부에서 독립적으로 제공하고 있다.

캘리포니아의 경우 40세 이상의 모든 구직자를 대상으로 아메리카 잡센터 캘리포니아(America's Job Center of California, AJCC), 캘리포니아 고용센터(CALJOBS)에서 재취업지원서비스를 수행하고 있다. 또한, 40세 이상의 전문직 구직자 대상으로는 특화된 구직 네트워크인 Experience Unlimited를 활용 중이다. <표 1-20>은 Experience Unlimited에서 진행 중인 프로그램의 세부적인 내용이다.

〈표 1-20〉 캘리포니아 Experience Unlimited

날 짜	내 용
프로그램	다른 구직자들과의 만남, 업계동향 공유, 구직기술 업데이트, 정기적 장소 제공
자원	• 구직전략, 이력서, 면접기술 및 네트워킹 워크숍 • 이력서 평가 및 모의면접 • 네트워크 구성 • 온라인 작업목록에 대한 접근 • 특별 이벤트 및 강연 • 사무기기 사용
분야	전문경영, 기술분야를 포함하여 아래와 같은 분야의 실업자 및 불완전 계약근로 자를 대상으로 함 (교육과 훈련, 재무 및 회계, 인적자원, 정보기술, 관리, 제조, 영업 및 마케팅, 사회서비스, 과학 및 공학, 소프트웨어 개발 등)
회원정보 제공	• 퍼실리테이터의 지도하에 구직 활동 진행 • 상담, 네트워킹, 그룹에 대한 지원 • 구직 훈련, 이력서 작성, 면접기술에 대한 워크숍

출처: https://edd.ca.gov/Jobs_and_Training/Experience_Unlimited_for_Job_Seekers.htm의 내용을
재구성함.

2) 일본

일본은 '잃어버린 20년'이라고 하는 경기침체 기간을 거치면서 오랜 관행이었던 종신고용을 계속 유지할 수 없게 되었다. 일본의 고용조정은 기업이 가능한 한 대량 구조조정으로 인한 인력감축을 하지 않고 다양한 고용조정 방법을 택하고 있으며 해고가 불가피한 경우에도 다양하게 전직지원을 위한 노력을 한다는 점이 특징이다. 일본기업의 전직지원프로그램은 '진로선택제도'라는 용어로 통용되고 있다. 기업에 따라 명칭은 다르게 사용하나 중장년층의 고용조정을 촉진하여 조직을 활성화하기 위해 몇 가지 방법을 선택적으로 시행하고 있다.

진로선택제도는 다섯 가지로 구분되며 조직퇴직우대제도, 전직지원제도, 출향제도, 독립지원제도, 직종전환제도로 분류할 수 있다. 조직퇴직우대제도(선택정년제도)는 퇴직금 지급률 상향 조정, 퇴직금 플러스알파, 지급 시점에서 정년 취급 등 퇴직금 우대조치를 통해 퇴직을 촉진하는 방법이다. 전직지원제도는 일자리 알선, 자격 및 기술 취득을 위한 수강비 지원 및 유급휴가 제공이 포함된다. 출향제도(出鄕制度)는 본사의 정년 연령보다 정년 연장 조건으로 관련 회사로

출향하는 것을 말하며 최종적으로 본사를 퇴직하여 관련 회사로 입사하는 것을 의미한다.

독립지원제도는 창업자금을 지원하거나 그 비용과 노하우를 제공한다. 직종 전환제도는 일단 퇴직한 후에 다시 전문직과 특별직으로 위촉 및 계약직 신분으로 재고용하는 것을 의미한다. 일본 기업의 고용조정을 살펴보면(복수응답) 출향이 54.9%, 전적이 47.4%, 관리직 정년제가 36.6%, 조기퇴직우대제도 정비가 25.8%, 전직지원회사를 활용한 연수가 11.3%로 나타났다. 그리고 제2의 커리어를 지원하는 방법으로 퇴직금 증액제도가 77.9%, 전직지원회사를 통한 취업지원제도가 48.4%, 생애설계를 위한 상담실 설치가 41.4%로 파악되었다(이형종, 2019). <표 1-21>에서는 일본의 진로선택제도를 정리하였다.

〈표 1-21〉 일본 진로선택제도

구 분	내 용
조직퇴직우대제도 (선택정년제도)	퇴직급 지급률 상향 조정, 퇴직금 플러스 알파, 지급 시점에서의 정년 취급
전직지원제도	일자리 알선, 자격 및 기술 취득을 위한 수강비 지원 및 유급휴가 제공
출향제도	자회사 및 관련회사로 출향, 본사 퇴직 · 자회사 입사
독립지원제도	창업 자금 지원, 비용 및 노하우 제공
직종전환제도	퇴직 후 위촉 및 계약직으로 재고용

출처: 岩出博 (2009). 新·これからの人事勞務. 東京: 天文堂, 이형종 (2019). 기업의 중고령자 인생2막 지원 사례. https://50plus.or.kr/detail.do?id=4255916. 재인용함.

(1) 닛산자동차13)

고용조정에 대한 일본의 접근방법은 미국에서 시행하는 방법과 차이가 있다. 미국은 신속하게 고용조정을 통한 리엔지니어링으로 기업 경쟁력을 강화하는 반면, 일본은 급격한 고용조정보다는 근로자 중심의 다각적인 방법을 고려하고 있다. 대표적인 기업으로 닛산자동차 사례가 있다. 닛산자동차는 경영악화로 1995년 5월에 외국 기업과 자본 제휴를 맺었는데, 그 기업이 프랑스의 르노였나. 르노는 CEO로 카를로스 곤을 파견하였으며 실질적인 경영을 시작하였고 이

---

13) 이 내용은 박가열·김재호·장서영 (2009). 중장년층 전직지원 방안 연구를 참고하여 작성함.

에 따라 1999년에 닛산리바이벌 플랜을 천명하였다.

여기에는 차 조립공장 3개와 엔진공장 2개를 중지하거나 폐쇄하는 계획이 포함되어 있었다. 닛산자동차에서는 노사가 원만하게 타협하여 공장 간 근로자의 전근이 이루어졌다. 닛산자동차 노사는 21,000명에 이르는 인원 감축에 대해 중앙노사협의회를 열어 다음과 같이 합의한 바, 인원 감축은 정년퇴직과 같은 자연퇴직을 중심으로 하며 무조건적인 해고로 인원 감축을 하지 않겠다는 것과 공장간 근로자의 전근도 근로자의 개인적 상황 등을 배려하면서 시행하기로 한다는 것이었다.

이러한 합의를 기반으로 하여 중지하거나 폐쇄하는 공장별로 '이동과 근로조건에 관한 노사전문위원회'를 설치하였으며, 위원회를 통해 근로자의 구체적인 이동과 근로 조건을 합의하였고 근로자와 개별 면담을 통해 전근자를 결정하였다. 이 과정에서 전근이 어려운 200여 명의 근로자에 대한 계속 고용을 위해 무라야마공장의 경우에는 무조건적인 해고 없이 도장·프레스·수지형성공장을 2-3년간 지속하기로 결정하였다.

(2) 오므론[14]

오므론은 산업자동화, 전기부품, 자동차부품, 헬스케어 제품 등을 생산하는 전자회사이며, 2013년에 톰슨 로이터 100위 글로벌 혁신 기업 중 하나로 선정된 바 있다. 오므론은 정년 전에 제2의 인생에 도전하는 근로자를 지원하는 생애설계 프로그램으로 '뉴라이프 챌린지'를 운영하였다. 1990년 도입 당시의 생애설계 프로그램의 목적은 정년을 맞이하면서 그간 회사에만 의존하여 살아오면서 스스로 인생설계를 할 수 없는 근로자를 위해 은퇴 이후 인생을 어떻게 살아갈지 생각하고 설계해 보도록 하는 것이었다.

'뉴라이프 챌린지'는 장래계획 설계, 카운슬링, 정보지 제작, 세미나 개최 등을 통해 본인에게 맞는 제2의 커리어 설계를 지원한다. 또한, 능력개발 휴가로는 최장 2년에 연봉의 7% 수준의 수당을 지급하며, 퇴직금에 연소득의 1.5-3배를 추가하여 지급한다. 대상자는 연 2회 모집하였다.

생애설계 연수는 35세 시점의 '마이체인지' 연수, 45세 시점의 '마이비전' 연

---

14) 이 내용은 이형종 (2019). 기업의 중고령자 인생2막 지원 사례를 참고하여 작성함.

수, 53세 시점의 '마이라이프' 연수, 59세 시점의 '뉴라이프' 연수 등 네 가지로 구성되어 있다. '마이체인지' 연수는 자기개발에 집중되어 있다. 회사 차원에서 근로자의 지식과 스킬을 파악하여 향후 커리어 경로와 취업 능력을 형성할 수 있도록 지원한다. '마이비전' 연수는 지금까지 취득한 지식과 스킬의 향후 활용 방안과 생애설계 수립을 지원하는 프로그램이다. '마이라이프' 연수는 마이비전을 재확인하고 자신의 강점을 인식하여 정년 후의 생애설계를 하는 것이다. '뉴라이프' 연수는 자신의 강점을 확인하고, 그 강점을 활용하여 정년 후의 생활을 어떻게 할 것인지 구상하고 결정하기 위한 프로그램이다. <표 1-22>는 오므론의 생애설계 연수의 주요 내용이다.

〈표 1-22〉 오므론의 생애설계 연수 프로그램

나 이	프로그램	내 용
35세	마이체인지 연수	• 자기개발에 역점 • 자신의 지식 및 기술 점검 • 커리어 방향 수립과 고용능력 형성 지원
45세	마이비전 연수	• 자신의 지식 및 기술 활용 방안 모색 • 생애설계
53세	마이라이프 연수	• 마이비전의 재확인 • 강점을 바탕으로 정년 후 생활 설계
59세	뉴라이프 연수	• 정년 후 생활 설계의 선택과 결정

출처: 이형종 (2019). 기업의 중고령자 인생2막 지원 사례. https://50plus.or.kr/detail.do?id=4255916 재인용함.

(3) 동경 일 센터[15)

공익재단 법인 동경 일 센터(公益財団 法人 東京しごと財団)는 동경도 산하에서 공익재단법으로 운영되고 있으며, 청년(34세 이하), 미들(30-54세), 시니어(55세 이상)로 구분하여 고용 프로그램을 운영하고 있다. 미들 과정 중심으로 프로그램을 살펴보면 종합상담 후 1단계로 상담과 조언, 2단계로 취업에 필요한 지식과 기능 익히기가 있으며 이 단계에서는 대상자별 지원되는 내용이 별도로 있

15) 이 내용은 민상기·이명훈·문세연 외 (2015). 중장년 대상 적합 훈련직종 발굴 및 취업연계를 위한 해외 운영사례 조사 연구를 참고하여 작성하였음.

다. 마지막 3단계는 직업 알선으로 구성되어 있다.

단계별로 프로그램을 구체적으로 살펴보면 종합상담 과정에서는 상담과 일 관련 세미나를 진행한다. 1단계는 커리어 상담, 구인구직 사이트 검색 등 상담 및 조언과정이 이루어진다. 2단계는 기업에서 요구하는 지식과 기능을 습득하는 과정으로 구직 기술 향상 세미나와 직업능력개발 과정으로 구성되어 있다. 2단계의 선택과정(option)으로는 대상자별 특별 지원메뉴로 취활익스프레스, 동경일 학원, 경력개발프로그램, 경력전환프로그램 등이 제시된다. 3단계는 본격적으로 직업을 소개하는 과정이다.

특히 2단계에서 준비·서류·면접·구인 세미나가 진행된다. 준비 세미나는 50명을 정원으로 취업성공 포인트 세미나를 운영하고 있고 주요 내용으로는 취업활동 시작에 앞서 마음 자세 파악, 자기 이해 후 취업목표 및 방향수립 등 희망취업조건 순위 결정이 포함된다. 서류 세미나는 50명을 정원으로 이력서, 경력기술서 등에 관한 구체적인 구직서류 작성 포인트를 학습한다. 면접세미나에서는 정원 50명을 대상으로 상호작용을 통해 면접 스킬 향상과 면접 질문 응대 방법 등을 파악한다. 면접 대응력 업(up) 세미나는 정원이 20명으로 롤플레이 등을 통해 면접을 실제로 진행해 보는 내용으로 구성되어 있다. 구인 세미나에는 구인정보를 효과적으로 찾는 법, 구인정보의 종류와 구체적인 탐색방법, 체크포인트, 지원방법 등의 내용이 포함된다. <표 1-23>은 미들과정의 2단계 기본 세미나의 내용이다.

〈표 1-23〉 동경 일 센터의 미들과정의 2단계 기본 세미나

구 분	세미나	정 원	내 용
준비	취업성공 포인트	50	• 취업활동 시작 전 '마음자세' 인식 • 자기이해 후 취업목표, 방향수립 등 희망취업 조건 순위 결정
서류	구직서류 작성 포인트	50	• 이력서, 경력기술서 작성 포인트
면접	면접 포인트	50	• 면접 목적 파악 후 준비 필요성 인식 • 면접에서 자주 나오는 질문 대응방법
	면접 대응력 업	20	• 면접 포인트 세미나에서 배운 포인트 실습 • 면접 시뮬레이션
구인	구인정보 효과적 탐색	50	• 구인정보 종류, 탐색방법, 체크포인트, 지원방법 학습

2단계의 선택과정(option)에는 전직활동 지원 토요세미나, 자율 활동 지원, 취활 리스타트 세미나, 취활 익스프레스, 동경 일 학원, 커리어 개발 지원 프로그램, 커리어 체인지 지원프로그램이 포함된다. 재직자 대상으로는 전직활동지원 토요세미나 등이 운영되며 경력개발과 관련된 세미나 프로그램도 진행되고 있다. <표 1-24>에는 2단계 선택과정의 상세한 내용이 설명되어 있다.

〈표 1-24〉 동경 일 센터의 미들과정의 2단계 선택과정

세미나	대상자	내 용
전직활동지원 토요세미나	재직자 대상	월 1회 3시간으로 운영 취업활동 스텝, 구직검색과 지원, 지원서류 작성 팁, 면접 포인트, 입사
자율활동 지원	조기재취업을 희망하는 자	취업에 필요하며 입사해서 필요한 커뮤니케이션 능력, 프레젠테이션 능력을 익히는 프로그램. 4일간 총 15시간 운영
취활 리스타트 세미나		대상자: 이직 또는 미들코너에 등록 후 180일 이상 경과한 자 취업에 대한 동기부여, 발상 전환, 이직, 퇴직 등에 따른 스트레스 해소를 위한 내용. 1일 6시간 운영

세미나	대상자	내용
취할 익스프레스	30세 이상 40세 이하	구직자가 자신의 장점을 재확인하고, 그것을 살려 일을 찾을 수 있도록 잡 코디네이터(잡 코디네이터 1인당 대상자 수는 30명)가 6개월간 함께 일을 찾아줌. 세미나 기간은 5일에 걸쳐 적직(적합한 직업) 탐색 과정과 면접력 양성 과정으로 구성

기간	적직 탐색	면접력 양성
1일	자신의 장점 찾기	나의 커리어 스토리
2일	애니어그램으로 적직 찾기	만나보고 싶다는 생각이 들도록 서류 작성법
3일	지원서류로 자기 표현	기업 요구와 면접 롤플레잉
4일	기업 방문으로 기업 요구 알기	기업 방문과 프레젠테이션
5일	취업활동 계획 수립	활동 계획과 커리어 구축

성과가 매우 좋으며 빨리 취업됨(세미나 수료자의 80% 정도가 취업)

세미나	대상자	내용
동경 일 학원	30세 이상 40세 이하	동경도 산업노동국 고용취업부의 정사원 취업 프로그램
커리어개발 지원 프로그램		스스로 커리어 디자인을 한 후에 직종 중 하나를 선택하고, 3일간의 직업 체험 후 본인이 마음에 들면, 약 6개월간의 직업 훈련을 받음(월 10만 원 지급)

대상자: 주로 과거의 자기 경험이나 경력을 버리지 못하고 계속 하고 싶어 하는 사람 (커리어 체인지 지원 프로그램)

기간	시간	명칭	내용
3일간	5시간	인생설계·커리어 체인지 세미나	커리어·경제·건강 플랜을 포함한 인생 플랜을 세우고 장래의 이미지 계획
1일간	5시간	직종이해 견학회	직장 견학을 통해 일에 대한 이미지를 새롭게 가짐
1일간	3시간	합동기업 설명회	취업을 목적으로 한 합동기업설명회
5일간	5시간	직장체험	실제 직장을 체험함으로써 취직을 할 수 있을지 확인

출처: 민상기·이명훈·문세연 외 (2015). 중장년 대상 적합 훈련직종 발굴 및 취업연계를 위한 해외 운영 사례 조사 연구. 한국산업인력공단, p. 80.

3) 독일

독일 노동시장의 전직지원과 관련된 법령과 정책은 평등대우법(Allgemeines Gleichbehandlungsgesetz)과 50＋이니셔티브(Initiative 50Plus) 사례가 있다. 평등 대우법에서는 차별금지 범위를 여덟 가지로 정하고 있으며 그중 3개 조항이 노동 및 직업과 관련된 것으로 고용과 근로에 있어서 연령을 포함한 차별을 강력하게 금지하고 있다. 첫째는 채용 기준 및 범위, 고용 과정, 자영업, 직업적 지위와 활동의 독립적인 상태, 경력발전에 대한 사항이다. 둘째는 고용 및 노동조건, 임금과 해고조건, 특히 고용과 승진, 경력개발에 있어서 개인 및 단체 법적 계약의 이행과 종료에 관한 내용이다. 셋째는 모든 유형의 직업지도, 직업경험의 훈련 및 재훈련을 포함한 직업훈련에 관련된 조항이다.

50＋이니셔티브는 50세 이상 근로자의 직업훈련, 고용알선, 자영업 설립 비용지원, 채용 시 사업주 보조금 지급 등의 내용이 포함되어 있다. 또한, 50세 이상 근로자에 대한 작업환경, 평생근무 촉진에 대한 홍보 등을 포함하여 전반적인 고용 이슈를 다루고 있다. 50＋이니셔티브에서는 50세 이상의 실업자가 다시 직업세계로 복귀할 기회를 얻고 다른 한편으로는 50세 이상 근로자가 더욱 오랫동안 직업세계에 머무를 수 있도록 장려하고 있다. 이 제도의 목표는 55세 이상 근로자의 고용률을 증가시키고, 55세 이상 근로자의 조기은퇴 감소, 50세 이상 실업자의 재취업률 증가, 그리고 50세 이상 근로자의 향상훈련 참여 제고 등을 표방하고 있다(민상기·이명훈·문세연 외, 2015).

(1) 지멘스(Siemens AG)[16]

지멘스는 ICT, 자동화, 전력, 수송 및 의료 등 첨단산업 분야의 회사로서 세계 각처에 근로자를 보유하고 있는 다국적 기업이다. 지멘스의 중장년 근로자 경력개발 프로그램의 특징은 중장년 근로자가 적극적으로 경력을 개발하고 자기 주도적 미래 설계를 가능하도록 지원함으로써 중장년 인력에 대한 기업의 활용도를 높이는 동시에 개인의 미래설계와 전직까지 연결이 가능하도록 한 것이다. 지멘스의 경력개발 프로그램인 컴파스 프로세스(compass process)의 도입 배경은 회사 인력

---

16) 이 내용은 최지희 (2012). 고령인력 활성화를 위한 직업능력개발 성책 개신 방안을 참고하여 작성함.

의 고령화에 따라 선제적으로 생애경력개발 계획수립이 필요했기 때문이었다. 컴파스 프로세스의 대상은 자신의 능력과 현 위치를 파악하고 이에 대처에 나가기를 원하는 경력직원으로 설정되었다. 이 프로그램은 40세 이상을 겨냥한 프로젝트로서 그 이전까지 지멘스 경력개발 프로그램의 주 연령층은 30~40대였다.

진행 절차는 다음 4단계로 구성된다. 1단계는 자신의 경력과 인생에 대한 회고로 상사·동료·고객으로부터 자신의 강점과 약점에 대한 피드백을 받는다. 2단계는 워크숍을 통한 1차 피드백 분석을 바탕으로 개인의 구체적인 경력개발 계획을 수립한다. 3단계는 회사와 관련된 경력계획에 대해 경영진과 인사팀과의 면담을 통해 계획의 현실성을 검토한다. 4단계는 수개월 후 두 차례의 워크숍을 실시하여 개인별 프로젝트 진척 정도, 문제점 등을 점검하고 추가적인 방안을 수립한다.

컴파스 프로세스가 여타의 전직지원프로그램과 달리 성공을 거둔 것은 프로그램 초기 단계에서 회사 내의 중장년층 외에 젊은 연령층이 동시에 함께 참여함으로써 중장년층의 직업능력개발 필요성에 대해 기업전체 구성원이 공감했기 때문이다. <표 1-25>는 지멘스의 컴파스 프로세스의 내용이다.

〈표 1-25〉 지멘스의 컴파스 프로세스(compass process) 프로그램

구 분		내 용
업종		ICT, 의료 등 첨단기술 분야 다국적 기업
대상		40세 이상 경력자
도입배경		• 기업 내 인력 고령화에 따른 대책수립의 필요성 • 40세 이상 근로자의 소외 문제와 근로자의 능력개발 기회 부족에 대한 불만 • 중장년 근로자가 현재 자신의 위치를 파악하고 미래 자신의 경력목표를 수립할 수 있도록 경력개발 프로그램 지원
절차	1단계	• 자신의 경력과 인생에 대한 회고 • 상사 · 동료 · 고객으로부터 자신의 강점과 약점에 대한 피드백
	2단계	• 워크숍을 통한 1차 피드백 분석 • 개인의 구체적인 경력개발 계획 수립
	3단계	회사와 관련된 경력계획에 대해 경영진 및 인사팀과의 면담을 통해 계획의 현실성 검토
	4단계	2차 워크숍을 실시하여 개인별 프로젝트 진척 정도, 문제점 등을 점검하고 추가적인 방안을 수립
효과		중장년 인력의 기업 내 활용도 증가와 개인의 향후 경력계획 수립 가능

(2) KDK오토모티브[17]

KDK오토모티브는 1935년에 설립된 자동차 부품제조기관으로 BMW 등에 생산품을 납품하는 강소기업이다. 독일이 저성장 국면에 접어든 2000년대 이후 KDK오토모티브는 2004년에 연간 1억 5,000만 유로(약 1,978억 원) 안팎이던 매출이 1억 유로(1,318억 원) 수준으로 급감하였다. 경영난에 처한 회사는 공장 직원 590명 중 35.6%인 210명을 감축하기로 했다. 이때 구조조정 과정에서 해고가 불가피한 근로자들을 일정기간 관리하면서 새 직장을 찾도록 지원하는 고용전환회사(Employment Transfer Company, ETC)를 설립하였다.

회사는 공장 근로자들이 속한 지역 화학노조의 요구를 받아들여 당시 사무실의 일부 공간을 활용해 2005년 1월부터 12월까지 1년 동안 한시적으로 운영되는 ETC를 설립했다. 이에 따라 해고된 직원 210명 중 152명이 ETC 소속으로 바뀌었다. 이들은 해고될 때 받았던 월급의 80% 수준의 급여(정부지원금 60-63% 포함)와 법적으로 보장된 연간 최소 휴가(20일) 등의 근로조건하에 ETC가 마련한 세미나 등의 기본 교육에 의무적으로 참여했다. 직원 75명은 추가로 1인당 연간 2,000유로의 자기개발지원금을 받아 본인이 필요한 자격증 취득 등 전직과 관련된 직업훈련을 받았다.

일반적인 프로세스는 해고 근로자들이 이 회사로 옮겨 와 자기진단을 받고 전직지원에 관한 오리엔테이션에 참여한 후 개인별 취업계획서를 작성한다. 그 다음 단계로 워크숍과 토론을 통해 진로 설계와 구체적 취업 전략을 수립 후 구직활동에 들어가며, 기업의 인턴으로 근무하기까지 체계적으로 재취업지원을 받는다. 회사에서는 ETC를 내실 있게 운영하기 위해 해고 근자들에게 퇴직 위로금의 50%는 ETC에 입사할 때, 나머지 50%는 취업이 되거나 1년이 만료된 시점에 지급하였다. 또한, ETC 소속 직원들의 전직에 대한 동기부여를 위해 ETC 과정이 종료되기 전에 재취업에 성공한 근로자에게는 잔여 교육기간의 절반에 해당하는 급여를 보너스로 지급하였다. 그 결과 ETC로 소속을 바꾼 해고 근로자 152명 중에서 85%, 그리고 전체 해고자의 61.5%가 재취업에 성공했다.

KDK오토모티브가 ETC를 설립해 구조조정을 큰 탈 없이 진행할 수 있었던 것은 구조조정 시 노사가 충분히 협의하도록 법에 규정되어 있기 때문이었다.

---

17) 이 내용은 한국일보 2016. 6. 14. '전직은 있어도 실직은 없다'를 참고하여 작성하였음.

독일 사업조직법은 기업이 구조조정과 같은 근로자 전체 또는 상당수에 중대한 불이익을 초래할 수 있는 사업 변경을 할 경우 이를 사업장 내 근로자 권익을 대변하는 조직인 근로자대표위원회에 미리 통보하고 협의하도록 규정하고 있다. 또한, 이로 인해 근로자에게 발생할 경제적 불이익을 조정하고 완화하는 구체적 계획(소셜 플랜·Sozialplan)도 노사가 합의하여 만들도록 하고 있다. 근로자대표위원회는 요구사항을 제시하고, 사측과 이견이 있으면 서로 조율하여 사전에 계획서를 만들어야 한다. 만약 노사 합의가 되지 않아 소셜 플랜이 만들어지지 못할 경우에는 노사 어느 한쪽이라도 연방노동청에 중재를 요구할 수 있다.

(3) 퍼스펙티브 50플러스(Perspective 50Plus)[18]

퍼스펙티브 50플러스는 독일의 노동사회부에서 실시하는 실직 중장년 근로자를 대상으로 한 고용지원 프로그램이다. 2005년부터 시작되었으며 2020까지 은퇴 시기를 67세로 높이는 계획을 가지고 퍼스펙티브 50플러스와 연계하여 실행하고 있다. 참여 주체는 연방정부, 지방자치단체, 고용관련기관, 기업체이며 중장년 근로자의 근로 향상을 위해 지방자치단체의 협력으로 구성된다. 취업협력공동체에서 개별상담 및 제안이 이루어지고, 전문취업상담센터에서는 상담을 통해 구체적인 개인취업 계획을 확정하면 경력 분석과 코칭, 역량개발 지원, 건강 상담, 전문서비스기관으로 취업 위임을 지원한다. 전문취업상담센터에서 고용편입지원으로 방향이 결정되면 개인의 기기관 접촉, 기기관 견습 기회 제공, 재정지원 정보 제공, 계속적인 지도가 실시되며 전직편입으로도 도움을 주고 있다. [그림 1-17]은 페스펙티브 50플러스의 일환으로 진행되는 취업협력공동체의 구직지원 모델이다.

---

18) 이 내용은 민상기·이명훈·문세연 외 (2015). 중장년 대상 적합 훈련직종 발굴 및 취업연계를 위한 해외 운영사례 조사 연구를 참고하여 작성하였음.

[그림 1-17] 퍼스펙티브 50플러스 취업협력공동체의 구직지원 모델

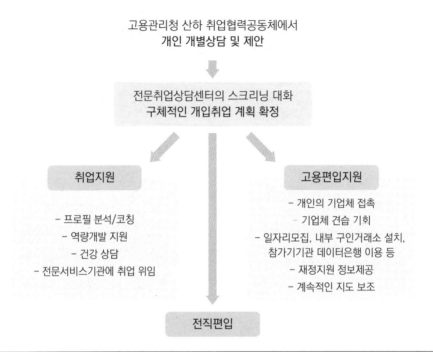

출처: 민상기 · 이명훈 · 문세연 외 (2015). 중장년 대상 적합 훈련직종 발굴 및 취업연계를 위한 해외 운영 사례 조사 연구. 한국산업인력공단, p. 128.

FAQ

1. 재취업지원서비스에 참여하면 취업이 가능합니까?

재취업지원서비스는 취업 준비에 필요한 지식과 기술을 알려드리고 구직 태도와 감정 관리를 위한 지원을 합니다. 구체적으로 구직서류인 이력서와 자기소개서, 경력기술서를 작성하는 데 도움을 드리며, 취업정보가 있는 온라인 사이트 검색·서류 접수·면접 등 구직기술과 방법을 체계적으로 제공합니다. 그밖에 노동시장과 직업시장의 변화에 대해 인식할 수 있는 교육이 진행됩니다. 따라서 취업 준비를 위한 종합선물세트를 제공해 드린다고 할 수 있습니다.

2. 창업을 하고 싶은데 재취업지원서비스에 창업도 지도를 합니까?

취업과 별개로 창업교육이 실시됩니다. 교육 내용은 업종 선정, 시장과 상권분석, 설립 인허가 절차, 사업계획서 작성, 마케팅 전략 수립, 매장 오픈 등으로 창업 제반 과정에 대한 교육과 지도가 제공됩니다. 정부와 지방자치단체의 다양한 창업 지원 정보를 파악하고, 창업 성공 및 실패 사례에 대한 벤치마킹 기회를 가질 수 있습니다. 재취업지원서비스를 통해 창업 역량을 증진시킬 수 있습니다.

3. 재취업지원서비스에 참여하면 반드시 집체교육을 받아야 합니까?

재취업지원서비스를 제공하는 방법은 교육(온라인과 오프라인/강의장과 현장), 소그룹 활동, 워크숍, 1:1 대면 상담, 온라인 정보 제공 등이 있습니다. 따라서 강의장에서 이루어지는 집체교육이 재취업지원서비스의 전부는 아닙니다. 단지 시간과 공간, 그리고 비용의 제약으로 인해 집체교육을 중심으로 서비스가 실시되고 있습니다. 2020년 5월 1일 자 시행령에 의하면 교육은 16시간 이상, 1:1 대면상담은 1회 이상으로 규정되어 있습니다.

4. 재취업지원서비스와 전직지원프로그램의 차이점은 무엇입니까?

전직지원프로그램은 그동안 우리나라에서 퇴직자와 퇴직예정 근로자에게 새로운 환경 적응을 위한 변화관리, 재취업과 창업 및 경력개발을 지원하기 위한 총체적인 서비스를 일컫는 용어로 사용되어 왔습니다. 1980년대 이후 영미권에서 시작된 아웃플레이스먼트(outplacement)를 우리나라에 도입하면서 전직지원, 전직지원서비스, 전직지원프로그램 등의 용어로 번역하여 사용해 왔습니다. 따라서 재취업지원서비스는 전직지원프로그램과 비교하여 구성 및 내용이 거의 차이가 없을 뿐만 아니라 현재도 전직지원이라는 용어를 사용하는 회사와 단체가 다수 있습니다.

5. 우리나라에서는 재취업지원서비스를 언제부터 시작했습니까?

본격적으로 재취업지원서비스(전직지원프로그램)가 우리나라에 도입된 것은 IMF 외환위기가 시작되면서 대량해고로 인하여 실업률이 8%대에 이르던 시기였습니다. 1998년에 다국적 소비재 기업인 한국 P&G가 퇴직예정자를 대상으로 전직지원프로그램을 제공하였으며 이때 미국계 전직지원 회사에 의뢰하여 서비스를 진행하였습니다. 이후 다양한 회사들에서 전직지원프로그램을 세공하였습니다.

6. 재취업지원서비스 중 1:1 대면상담에서는 무엇을 합니까?

1:1 대면상담 과정에 포함되는 절차와 내용은 재취업지원서비스를 운영하는 회사의 정책 방향과 목적에 따라서 달라질 수 있습니다. 그간 전직지원프로그램의 1:1 대면상담은 자기진단과 분석, 경력목표 설정, 구직서류 작성과 구직활동 지원 등의 내용으로 진행되었습니다. 재취업지원서비스 시행령에 의하면 서비스 유형의 '경력·적성 등의 진단 및 향후 진로설계'에서 16시간 이상의 교육과 상담을 제공하고 '취업알선'에서 1회 이상의 대면상담을 실시하도록 규정하고 있습니다.

7. 자기진단이나 자기분석은 무엇이고, 적성검사와 무슨 차이가 있습니까?

중장년의 진로 및 직업상담 영역에서는 '적성'보다는 '개인의 이해'[19]로 인식하여 개인의 직업적 특성(흥미, 성격, 가치, 소질 등)과 직무수행 성취요소(역량, 전문성, 강점 등)[20]를 체계적이고 합리적 방법으로 진단·분석하고 있습니다. 따라서 개인의 이해를 위한 진단과 분석을 각각 자기진단, 자기분석으로 표현합니다. 재취업지원서비스에서는 이러한 결과들을 통해 전직과 생애설계의 목적과 방향을 수립하여 실행할 수 있도록 제안하고 있습니다. 적성은 '특정 영역(학업, 업무 등)에서 능력을 발휘하는 잠재적인 가능성'[21]을 말하며 재취업지원서비스에서는 자주 사용되지 않고 있습니다.

---

19) 황매향·김계현·김봉환 외 (2013). 심층직업상담. 학지사. p. 31.
20) 권정언·우형록 (2019). 인적자원개발론. pp. 269-270.
   Cooperrider (1987)는 조직개발 분야에서의 강점탐구(Appreciative Inquiry, AI)를 제안함. apprcciative란 강점, 성공, 잠재력을 의미하며 여덟 가지 원리로 구성됨.
21) 한국직업능력개발원 직업적성검사 안내 개요 https://www.career.go.kr/cnet/front/main/main.do

재취업지원서비스의
도입 · 운영 · 성과관리

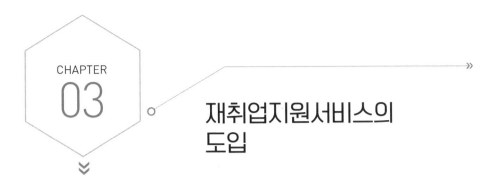

재취업지원서비스의 도입

1. 인력운영 전략으로서 재취업지원서비스

정년이 60세로 연장되었다는 것은 단순히 근무기간이 연장되었다는 사실을 넘어서 다양한 의미를 내포한다. 정년은 채용, 선발, 경력개발, 승진, 임금체계, 조직 구조 등 다양한 요소들과 연결되어 있으며, 또한, 조직의 인적자원관리의 패러다임을 변화시켜야 하는 과제와 연계되어 있다는 점을 간과해서는 안 된다. 특히, 퇴직 자체를 적절히 관리하지 못하면 고령화·고직급화는 인사적체를 심화시키고 생산성의 저하와 조직 활력 저하 등을 초래할 수 있으며, 숙련 인력을 지속적으로 고용할 수 있는 기회도 상실하게 된다.

이러한 문제점을 해소하기 위한 기업의 노력으로, 조직 내 중장년 적합 직무의 개발과 전략적 퇴직관리가 필요하다. 이 두 가지 중 재취업지원서비스와 밀접하게 관련된 이슈가 전략적 퇴직관리이다. 또한, 전략적 퇴직관리 외에 도입 배경으로 검토해야 할 사안은 준비되지 않은 미래로 인한 조직구성원의 불안감을 해소해야 하는 문제이다. 먼저, 재취업지원서비스의 도입과 관련하여 인력운영 차원에서 검토해야 할 두 가지 이슈를 제시하면 다음과 같다.

1) 전략적 퇴직관리

조직 구성원들은 당연히 동일 수준의 역량을 보유하고 있지 않다. 때문에 필연적으로 성과의 차이가 발생할 수밖에 없다. 전략적 퇴직관리는 저성과자 관리로부터 시작된다는 주장도 있다. 저성과자의 방치는 조직 구성원들의 성장기회를 잠식하고 생산성과 조직 활력을 저하시키는 결과를 초래할 수 있기 때문이다. 저성과자 관리를 소홀히 할 경우, 결국 고성과자를 축출하고 저성과자로 조직을 채우는 악순환을 심화시킬 것이며, 이는 고비용의 발생과 경쟁력 약화를 가져오게 된다. 특히, 연령 증가에 따른 직무 수행 역량의 저하와 근로의욕 감소에 대한 대처가 필요하다. 고령 인력의 증가로 인해 발생 가능한 중장년 저성과자의 특징을 파악하고 적극적 관리를 통해 인력 구성의 역동성을 유지하고 향상해야 한다.

이 과정에서 첫 번째로 고려되어야 하는 정책이 직무 전환을 통해 내부 노동시장에서 역량 발휘의 기회를 부여하는 것이다. 두 번째로 자발적 퇴직과 재도전을 지원하는 것이다. 퇴직을 선택했을 경우, 다른 직장을 구하는 데 필요한 재취업지원서비스를 받을 수 있도록 지원해야 한다. 퇴직은 앞서 언급한 제반 조치와 지원이 이루어진 뒤에 최후의 선택지가 되어야 하며, 기업에서 퇴직하더라도 노동시장에서 은퇴할 때까지 역량을 개발하고 적합한 직업에 종사할 수 있는 기회를 가질 수 있도록 기업 내외가 연결된 퇴직관리로 인력의 선순환 체계를 구축해야 한다. 2000년대 초반에 경험했던 대규모의 구조조정과 그 혼란을 피하기 위해서라도 상시적인 퇴직관리가 필요하며, 역량 향상을 위한 교육훈련과 재취업지원서비스의 운영 등 재고용 기회를 확대할 수 있는 개입이 필요하다.

2) 100세 시대 인생 2막의 준비 차원[22)]

조직에서 저성과자 관리만으로 생산성과 조직활력의 저하를 억제할 수는 없다. 인생 100세 시대에는 '평생직장'이 아닌 '생애경력'으로의 패러다임 전환을 통해 새로운 직업관의 확립과 생애 단계별로 자신의 경력에 대해 고민하고 미래를 준비하는 경력 전략을 제시해야 한다. 특히, 중장년 인력이 명확한 비전과 계획을 통해 조직 내에서의 역할을 인식하고 역량을 발휘할 수 있도록, 길어진 은퇴 후의 삶에 대해 무엇을 어떻게 준비해야 하는지 등 일과 생활 영역 전반에 대한 정보제공과 지원이 요구된다.

---

22) 이 내용은 안종태 외 (2014). 정년 60세 시대 인사관리 이렇게 준비하자를 참고하여 작성하였음.

이러한 관점은 최근에 등장한 커리어에 대한 정의와 맞닿아 있다. 커리어는 인생과 깊게 관계된 '생활방식' 그 자체라는 포괄적이고 종합적인 관점에서의 라이프커리어로 정의된다. 이러한 배경을 토대로 탄생한 생애설계교육은 '준비 없는 은퇴'로 인한 조직 구성원들의 불안감을 해소하고 조직 내부에서의 비전뿐만 아니라 외부 고용시장에서의 고용가능성을 제고하는 역할을 하고 있으며, 현재 공기업 및 민간기업의 생애설계교육은 전직지원 컨설팅회사들이 프로그램을 개발하고 실행하는 과정에서 중요한 역할을 담당하고 있다.

2. 재취업지원서비스 도입을 위한 검토

재취업지원서비스를 도입하기 위해 실무 차원에서 검토해야 할 사항들을 시간순으로 정리하였다. 그러나 나열한 순서가 절대적인 것은 아니며 상황과 여건에 따라 생략될 수도 있으나 여기에서는 전체 프로세스를 모두 열거하고자 한다.

[그림 2-1] 재취업지원서비스 도입 프로세스

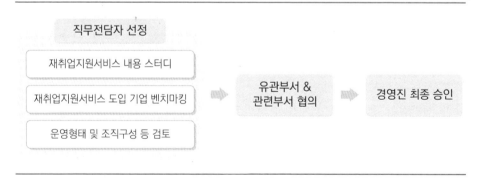

1) 직무 전담자 선정

인사부서 내에서 재취업지원서비스 도입을 위한 검토가 시작되면 이와 관련된 업무를 누가 전담할 것인가를 먼저 결정하는 것이 좋다. 어느 정도 검토가 진행되고 시간이 지나면, 검토를 진행하던 인력이 직무 적합성과 상관없이 계속 관련 업무를 맡게 될 가능성이 높아진다. 따라서 처음부터 직무분야나 역량 등을 고려하여 내부 인력을 전담자로 지정할 것인지 혹은 전문인력을 채용할 것인지 등을 결정하기보다 일단 일정 정도의 관리 역량을 갖춘 인력을 전담자로 지정하는 것이 좋다. 즉, 재취업지원서비스를 적극적으로 도입할 계획이라면 전담자부터 선정하고 나서 단계적으로 도입을 준비하는 것이 가장 효율적이다.

실무를 담당할 인력은 우선 인사부서 내에서 인력운영이나 노사 관련 업무를 담당하는 인력이 재취업지원서비스 업무에 가장 적합하다. 재취업지원서비스는 인사부서와 지속적으로 긴밀한 협력관계를 유지해야 하고 인사부서의 업무를 잘 파악하고 있어야 한다. 이러한 이유로 재취업지원서비스의 도입을 검토하는 단계부터 향후에 업무를 전담시킬 것을 염두에 두고 담당자를 선정하고 나서 진행하는 것이 바람직하다. 처음에는 이렇게 시작해서 조직을 구성하고, 더 나아가 실제 서비스 준비 단계로 접어들게 되면 인력 구성을 좀 더 체계적으로 진행해야 한다.

2) 재취업지원서비스 내용 학습

재취업지원서비스를 전담할 인력이 정해지면 관련 내용을 학습하는 단계가 우선되어야 한다. 재취업지원서비스는 기업이 의무적으로 진행할 사항만 파악하고 단지 의무적으로 수행해야 할 업무가 아니다. 때로는 복리후생 차원의 업무가 되기도 하고 때로는 퇴직패키지의 내용이 되기도 하고, 재직자를 위한 동기부여 차원의 업무이기도 하다. 그리고 고직급 고연령자들에게는 인생 2막의 중요한 전환점이 될 수 있는 내용이 포함되기도 한다. 어떻게 운영하느냐에 따라 기대하지 않았던 결과를 얻게 되는 서비스이다.

그러므로 내용을 심도 있게 학습해 보겠다는 각오를 다지고 시작하는 것이 좋다. 그러나 관련 도서가 그리 많지 않고, 출간된 도서들이 간혹 있다 해도 재취업지원서비스 분야는 관련 논문이나 연구보고서를 찾아보는 것이 가장 좋은 방법이다.

TIP

• 논문 검색: 학술연구정보서비스 www.riss.kr
• 연구보고서 검색: 한국고용정보원 www.keis.or.kr
• 검색어: 전직지원프로그램, 아웃플레이스먼트, 전직지원제도, 전직지원서비스, 전직
  지원 활동, 전직지원교육, 재취업지원서비스, 재취업교육, 퇴직준비교육, 은퇴 후
  교육, 은퇴 준비교육

3) 재취업지원서비스 도입 기업에 대한 벤치마킹

재취업지원서비스의 내용을 파악하기 위한 좋은 방법은 비슷한 경험을 가진 사람을 만나서 직접 경험한 이야기를 듣는 것이다. 벤치마킹은 경험자를 만난다는 점에서 중요한 절차라고 할 수 있다. 벤치마킹을 위해서는 벤치마킹의 대상을 찾는 작업부터 시작해야 한다. 아웃플레이스먼트 컨설팅회사, 재취업교육 아웃소싱 회사, 이미 재취업지원서비스를 진행하고 있는 기업들에 대한 정보를 우선적으로 수집해야 하는데 이러한 정보는 인터넷 검색이나 관련 연구보고서 등을 참고하여 수집할 수 있다.

벤치마킹 대상은 재취업지원서비스를 직접 실행하고 있는 기업과 아웃소싱 회사를 모두 접촉하는 것이 좋다. 이는 어떤 방식으로 서비스를 진행할 것인지를 결정하기 위해 필요한 절차이다. 벤치마킹 대상을 리스트로 정리해 보는 것도 필요하다. 벤치마킹 대상이 정해지면 관계자와 접촉하여 미팅 일정을 잡고 질문지를 먼저 보내는 것이 좋다. 컨설팅회사나 교육회사에 보낼 질문지와 기업에 보낼 질문지는 달라야 한다. 이때, 기업 내 재취업지원서비스 조직을 벤치마킹하기 위해 만든 질문지를 참고하면 좋겠다.

벤치마킹 인터뷰는 질문지 중심으로 진행하고 기업이나 컨설팅회사에 따라 특장점이 다르기 때문에 비교 분석을 위해서는 기업 5곳, 컨설팅회사 3-4곳 정도 진행하면 적당하다. 벤치마킹을 마치고 나서 인터뷰마다 각각 보고서를 작성하고 최종적으로 종합하여 벤치마킹 보고서를 작성하는 것이 바람직하다.

TIP

- 재취업지원서비스를 직접 운영하는 기업
  삼성그룹 내 전자계열, 금융계열, 건설계열, 독립계열 경력컨설팅센터, KT, 국민은행, SK이노베이션, 현대자동차, 현대중공업 등
- 재취업지원서비스(아웃플레이스먼트, 전직지원) 전문 컨설팅 회사
  인제이 매니지먼트 http://www.dbm.co.kr, 인지어스 http://www.ingeus.kr
  라이트 매니지먼트 https://www.right.co.kr, 제이엠커리어 http://jmcareer.co.kr
  이음길 https://www.icumgil.com, 엑스퍼트컨설팅 https://www.exc.co.kr
  클립스컨설팅 https://www.clipsgroup.co.kr
- 재취업교육 아웃소싱 회사
  풀림아카데미 http://www.plim.co.kr, 제니엘 http://www.zeniel.com/ko
  스텝스 https://www.staffs.co.kr

벤치마킹 질문지 사례

벤치마킹 인터뷰 질문지
☐ 센터 소개
    ○ 센터의 주요 역할, 조직, 인적구성 등
    ○ 지원 대상 및 서비스 내용
        – 퇴직자와 재직자 지원 서비스 내용
        – 지원대상 인력 관리, DB 및 경력관리

☐ 교육훈련 프로그램 소개
    ○ 퇴직자 대상 교육프로그램
        – 퇴직자 대상 교육프로그램의 구성
        – 퇴직 후 전직방향에 따른 교육프로그램의 구성의 차이
        – 전문직종에 따른 프로그램의 차별화

    ○ 재직자 대상 교육프로그램
        – 연령별 교육의 차이점

☐ 컨설턴트의 역할과 전문성
    ○ 잡매칭 시 구직자 추천 원칙
    ○ 컨설턴트에게 필요한 전문성

☐ 재취업지원서비스 도입 관련 기타 사항

🗒️ 벤치마킹 보고서 사례

□ A사
- 일시 및 장소: ○월 ○일(금) 14:00-16:00, A사 ○○설계지원센터
- 조사자: 홍길동

구분	세부 내용
센터명 또는 프로그램명	- ○○설계지원센터(○○년 ○월 ○일 설립)
프로그램 대상	- 희망퇴직자 우선 지원 - 향후 정년퇴직자 및 퇴직자 대상 지원 예정
대상 인원	- ○○년 ○○○명(대상자 ○○○○명 중 12% 입과율) - 매년 정년퇴직 예정자 ○○○○명(사무직 ○○○명, 생산직 800명) 대상
기간	- 퇴직 후 목표 관련교육(Open Class): 7주(56hr)
횟수	- 1회에 한해 지원
프로그램 구성	- 생애설계 전반에 대한 지원 중심
프로그램 내용 및 참고사항	1. 퇴직 후 목표관련 교육: 7주, 56hr 　- 재취업, 창업, 귀농/귀촌, 건강, 심리, 자산관리 등 금전지원은 없음 2. 1:1 상담 및 컨설팅 지원(7주 교육 후 진행) 　- 취업지원: 기관 매칭, 면접/이력서 클리닉, 취업정보 제공 　- 창업지원: 입지분석, 비용분석, 법률자문, 개업준비 지원 3. 계열사, 사내 협력사 취업지원, 파트너사 발굴 등 4. 기타 　- 취미생활 공간 제공(바둑, 댄스, 헬스, 독서실 등) 　- 센터 운영 세부 사항 　　• 임직원 가족을 위한 지원 공가인 회관 내에 센터 구축 　　• 전직컨설팅 기관에 위탁 운영/자체 직원 3명, 기관 직원 6명 상근

4) 운영 형태 및 조직 구성 등 검토

벤치마킹이 끝나고 보고서 작성까지 마무리되면, 보고서를 토대로 인사팀 내에서 몇 가지 사항에 대해 검토하고 중요 사안을 결정해야 한다. 재취업지원서비스의 제공은 기정사실이므로 논외로 하고 '어떻게 제공할 것인가'에 대한 논의를 먼저 진행하는 것이 좋다. 이 문제는 회사가 직접 제공할 것인가 아니면 외부 전문기관에 의뢰할 것인가로 정리할 수 있다. 각각 장단점이 존재하므로 회사의 상황에 맞춰 장단점을 체크해야 한다. '어떻게'에 대한 논의가 끝나면 '언제', '어디서', '누가'에 대한 논의도 자연스럽게 결정이 된다. '어떻게'에 대한 문제가 가장 중요하게 다루어져야 하므로 자세한 내용은 다음 파트에 별도로 정리하였다.

5) 유관부서와의 당사자 협의

재취업지원서비스를 도입하기 위해서 관련 부서 간의 협의가 필요한 부분이 있다. 교육부서나 노사 담당 부서 특히 인사부서 내에서도 인력운영 담당자와의 긴밀한 협력이 요구된다. 노조와 사전에 서비스 도입과 관련하여 노조원들의 니즈를 파악하고 도출된 니즈를 어떤 내용과 범위까지 수용할 것인지 재취업지원서비스 의무화법을 기준으로 검토해야 한다. 또한, 인력운영 담당자와 퇴직 대상자 명단을 통보하고, 재취업지원서비스의 내용을 홍보하며, 실제 서비스를 받기까지의 프로세스를 정립하는 등의 협의가 필요할 것이다.

재취업지원서비스를 시행하는 데 있어 재취업지원센터가 독립적인 교육시스템이 갖춰지지 않았을 경우에는 당연히 교육부서의 도움을 받아야 할 것이다. 프로그램 개발이나 강사 선정, 교보재 제작, 교육운영 등 협의할 사안은 어떤 수준의 서비스를 진행할 것인지, 그리고 어떤 형태의 조직을 운영할 것인지에 따라 상당한 차이가 있다. 이렇듯 협의가 필요한 부서와 협의할 사항들을 미리 리스트화하여 점검하는 것이 좋다.

6) 경영진의 최종 승인

이러한 절차를 모두 거쳐서 중요한 사안에 대한 결정이 마무리되면 최종적으

로 경영진의 승인이 필요하다. 물론 재취업지원서비스를 도입하는 것의 중요성
과 관련 법률에 대한 보고는, 이미 도입 프로세스가 가동되기 이전에 이루어졌
다는 가정하에 실행을 위한 실무적인 결정들을 정리해서 종합 보고서를 작성하
고 결재 절차를 진행해야 할 것이다. 승인을 받기 위해서는 관련 자료들이 충분
하게 뒷받침되어야 한다.

3. 재취업지원서비스의 운영형태

재취업지원서비스를 도입하기 위해 실무 차원에서 가장 우선적으로 검토할
사항은 '어떤 형태로 서비스를 제공할 것인가'이다. 어떤 운영방식을 선택하느냐
에 따라 조직의 구성이나 서비스 도입 시 준비사항 등이 달라질 수 있다. 재취
업지원서비스를 운영하는 형태로는 크게 Turnkey 방식과 In-house 방식이 있
으며, 이외에도 두 가지 형태를 혼합한 방식도 있다. 운영방식을 선택하기 전에
각각의 형태에 대해 충분히 검토해야 한다.

1) Turnkey 방식

재취업지원서비스 도입을 위한 준비가 거의 되어 있지 않을 경우 가장 먼저
검토할 수 있는 방식이다. 말하자면 실행을 모두 외부 전문컨설팅회사에 맡기는
것이다. 하지만 이 방식도 그리 간단하지는 않다. 컨설팅회사를 잘못 선정하면
성과를 기대하기 힘들기 때문에 체크해야 할 내용들이 많다. 컨설팅회사를 선정
할 때 유의해야 할 내용들을 TIP에서 몇 가지 열거해 보았다. 하지만 기업마다
접근하는 관점이 다를 것이므로 조직에서 재취업지원서비스를 도입하는 목적에
따라 기준을 정하는 것이 좋다.

예를 들어, 서비스 도입에 따른 가시적인 성과가 가장 중요하다면, 재취업지
원서비스에서 명확하게 드러나는 성과로 여기는 취업률을 높게 제안한 전문컨
설팅회사를 선택할 것이고, 법적인 테두리 내에서 실행만을 목적으로 한다면 가
성비를 따지게 될 것이다. 어떤 목적이 좋은 목적이고 나쁜 목적이라고 규정할
수는 없으며, 기업의 상황에 맞게 선택하는 것이 좋다는 조언이 가장 현실적일

듯하다. 그럼에도 불구하고 여기에서는 가장 바람직하다고 생각되는 기준을 제시하였다.

우리가 보통 아웃소싱이라고 칭하는 Turnkey 방식은 기업이 서비스를 실행할 컨설팅회사를 선정하고 선정된 컨설팅회사가 직접 서비스의 전 과정을 수행하고, 조직의 서비스 담당자는 서비스를 관리하고 감독하게 된다. Turnkey 방식의 장점으로 첫째, 퇴직자가 발생했을 경우 쉽게 활용할 수 있기 때문에 비용을 절감할 수 있다. 둘째, 회사의 편의에 따라 프로그램의 내용이나 시기, 일정 등을 결정하기 용이하다. 셋째, 회사에 반감이 있는 퇴직자의 경우 컨설팅회사의 서비스에는 반감을 덜 가질 수 있고 서비스의 내용이나 과정을 훨씬 객관적으로 받아들일 수 있다. 넷째, 컨설팅회사의 전문가 집단이 서비스에 투입되기 때문에 서비스의 질을 유지할 수 있고 대상자들도 서비스를 보다 신뢰한다.

 TIP

재취업지원서비스 시행 컨설팅회사 선정 시 고려사항
• 조직 내부인이나 지인을 통해 접촉해 오는 컨설팅회사들을 모른 척할 수 없다. 때문에 관련 사업을 수행한 레퍼런스를 꼼꼼하게 체크한다.
• 관련 사업이란 기업에 대한 전직지원서비스 수행실적을 말하며, 요즘은 생애설계 교육도 관련 사업이라고 말할 수 있지만 엄밀하게는 전직지원서비스가 관련 사업에 더 가깝다.
• 공공에서 진행하는 고용노동부의 취업성공패키지 사업 실적은 전직지원서비스와 성격이 다르기 때문에 기업을 대상으로 한 전직지원서비스 수행 실적을 최우선으로 체크할 것을 권한다.
• 컨설팅회사의 제안은 당연히 복수로 받아야 하며, 그럴듯하게 포장된 내용이 아닌 실행을 위한 컨설팅회사의 역량을 잘 파악해야 한다.
• 컨설팅회사의 서비스 수행 역량 중 서비스를 직접 수행하는 컨설턴트의 스펙과 경험을 구체적으로 살펴보아야 한다. 지식과 경험을 갖춘 전문가인지 가늠해 보라는 얘기다. 가능하면 직접 인터뷰를 하는 것도 좋은 방법이다. 특히 전문성과 서비스 마인드를 갖춘 컨설턴트인지 살펴보아야 한다.
• 컨설팅회사의 수행역량 중 체크해 볼 사항은 프로그램 개발 역량이다. 자사의 서비스 대상자에 적합한, 그리고 조직문화나 직무, 업종 등에 맞는 맞춤형 프로그램을 적용하기 위해서는 컨설팅회사의 프로그램 개발 능력이 중요한 역량이다.

Turnkey 방식의 단점으로는 첫째, 이 방식은 대규모 퇴직에는 활용하기가 쉽지만 상시적으로 퇴직하는 인력들에게 적용하려면 상시적으로 프로그램을 운영하는 외부 컨설팅회사를 찾아야 한다. 둘째, 서비스가 완료되면 퇴직자에 대한 사후관리나 데이터 관리가 쉽지 않다. 셋째, 회사의 인사 관련 비밀을 유지하기가 어렵다. 넷째, 서비스에 투입된 컨설턴트의 수준과 프로그램의 질을 보장받기 위해서는 담당자의 지속적인 관심과 관리가 필요하다. 물론 적합한 컨설팅회사를 선정하면 다행이지만 그렇지 못할 경우 비용 대비 효과를 기대하기 어렵다. 마지막으로 서비스가 종료되면 퇴직자들이 회사에 우호적인 감정을 갖기보다 외부 컨설팅회사에 감사하게 되는, 어쩌면 서비스 제공의 목적이 왜곡될 수 있다는 사실이 가장 큰 단점일 수 있다.

2) In-house 방식

재취업지원서비스 도입을 검토할 때, In-house 방식 도입을 목표로 하는 경우가 증가하고 있다. 전직지원서비스가 우리나라에 도입된 지 올해로 23년째이기에 가능한 선택이다. 그만큼 장점이 많다는 것을 기업들이 인식하기 시작했고 몇몇 사례들이 그것을 증명하고 있기도 하다. In-house 방식은 재취업지원서비스의 모든 서비스 내용을 기업 내 조직이 운영하는 것으로 외주는 거의 배제하고 자체적으로 운영하는 형태이다. 삼성전자, KT, 국민은행 등의 사례가 대표적이다.

In-house 방식의 장점은 첫째, 상시적으로 퇴직하는 퇴직자들에게 서비스 제공이 용이하다. 아웃소싱을 할 경우 일정 수가 성원이 되어야 프로젝트 계약을 할 수 있고 1년 계약으로 상시적인 퇴직자 서비스를 진행하더라도 외부 컨설팅회사 내부에서도 일정 수가 성원이 되어야 프로그램 진행이 가능해지는 구조이기 때문이다. 둘째, 퇴직자에 대한 사후관리가 용이하다는 점인데 아웃소싱을 할 경우 데이터 축적이 어렵고 서비스의 질이 만족스럽지 못하면 외부 컨설팅회사를 교체해야 하는 경우도 생기므로 지속적으로 퇴직자의 사후관리를 하기가 쉽지 않다. 셋째, 회사의 인사 관련 비밀유지가 용이하다. 어느 기업이든 외부에 오픈하고 싶지 않은 인사 기밀들이 있을 수 있으며 In-house 방식의 서비스를 제공할 경우 이러한 우려는 할 필요가 없어진다.

넷째, 재취업지원서비스에서 가장 중요한 전제가 되어야 하는, 해당 기업 퇴직자의 니즈와 기업문화 등에 적합한 프로그램의 개발과 적용이 가능하다는 점이다. 모듈화된 프로그램을 적용하더라도 미묘한 차이를 반영하기에는 외부 컨설팅회사들의 프로그램은 유연성이 떨어지고 다양성이 부족한 측면이 있다. 마지막으로 In-house 방식의 최대 장점으로 평가받는 요소로, 회사와 퇴직자 간의 긍정적인 유대감이 지속될 수 있으며 퇴직 후에도 우호적인 고객으로 남을 수 있다는 점이다.

그러나 모든 서비스의 형태마다 단점이 있다. In-house 방식의 장점이 많음에도 불구하고 단점들도 많다. 첫째, 서비스를 위한 조직을 구성하고 재취업지원센터를 설치하는 데 많은 비용이 소요된다. 특히 비용 문제는 민감한 사안이며 투자 대비 비용편익(ROI)을 검토하여 외부 컨설팅회사에 의뢰하는 것이 더 효과적이라는 결론이 나면 In-house 방식을 선택하기는 쉽지 않다. 둘째, 자체 서비스를 개시하기까지 준비과정이 길고 복잡하며 준비할 사항이 많다. 셋째, 서비스에 투입되는 인력의 전문성을 제고하는 데 시간이 많이 소요된다는 점이다. 그래서 이를 보완하기 위해 외부 전문가를 영입할 것을 권유하고 싶다. 넷째, 지속적인 성과관리와 품질 관리를 위한 시스템의 확립과 노력이 요구된다. 당연한 얘기겠지만 이러한 노력이 없으면 결국 외부 노동시장과의 네트워크가 단절되고 하나의 기존 내부조직으로 존재할 수밖에 없다. 이러한 상태는 재취업지원서비스 조직으로는 바람직하지 않다. 마지막으로 In-house 방식 서비스는 결국 예전에 동료였던 직원에게 컨설팅이나 상담을 받게 되는데, 이러한 경우 전문성을 의심하는 상황이 벌어지기도 하고 불편한 상황이 발생할 수 있다. 때문에 전문성을 갖춘 사내 컨설턴트 양성이 성패의 관건이다.

3) 혼합 방식

Turnkey 방식이나 In-house 방식의 장점을 최대한 살려서 재취업지원서비스를 실행하면 어떨까 하는 생각을 했다면 혼합방식을 고려해 보면 좋다. 혼합방식은 Turnkey 방식이 주도적인 경우, In-house 방식이 주도적인 경우, 대기업의 자회사가 재취업지원서비스를 전담하는 Turnkey 방식으로 구분할 수 있다.

[그림 2-2] 혼합방식 운영 형태

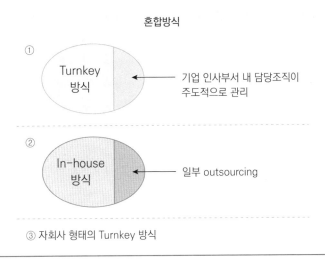

[그림 2-3] 운영형태의 순차적 전환

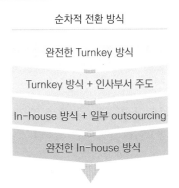

그러나 혼합방식 중 한 가지의 예를 선택할 것이 아니라 순차적으로 발전시켜 나가는 것이 좋은 방법일 것 같다. 처음에는 완전한 Turnkey 방식으로 시작해서 점차 In-house의 형태로 변모시켜 나가는 것도 하나의 방법이다.

4. 조직 구성 및 직무 내용

재취업지원서비스를 실행하기 위해서는 직접적으로 업무를 진행할 실무조직이 필요하다. 이 조직을 어떻게 구성하느냐와 어떤 구조로 시스템을 만들어 나갈 것인지가 서비스를 진행하는 데 중요한 요소가 된다.

1) 컨설팅회사의 조직 구성 사례

조직 구성은 컨설팅회사마다 약간씩 차이가 있지만 두 가지 트랙으로 구성되어 있는 경우가 대부분이다.

[그림 2-4] 컨설팅회사의 조직 구성 사례

	컨설팅팀	JIT(Job Information Team)
업무	서비스 디자인 프로젝트 관리 퇴직자 컨설팅 프로그램 개발 강의 컨설팅 품질관리	구인정보 발굴 홍보활동 헤드헌팅 각종 정보 발굴 및 제공

	컨설턴트 직군	리서치 직군
업무	서비스 디자인 프로젝트 관리 퇴직자 컨설팅 프로그램 개발 강의 컨설팅 품질관리	리서치 기획 리서치팀 운영 리서치/잡리딩 리서치 및 잡서치

위에 제시한 그림은 실제 컨설팅사 조직 구성의 예를 그대로 정리한 것이다. 직군으로 구분되어 있는 경우는 프로젝트팀을 구성할 때 프로젝트 규모에 따라 컨설턴트 인원을 배정하고 리서처(researcher)가 1-2명 정도 배정된다. 팀으로 구분되어 있는 경우는 컨설팅 팀에서 프로젝트별로 인원을 배정하고 각각의 프로젝트를 JIT에서 지원하는 방식이다. 어떤 방식이 더 효율적이라고 단정하기는 어렵고 컨설팅회사의 경우 프로젝트 단위로 운영을 하는 사례가 많으면 팀을 구성해서 운영하는 방식이 더 유리할 수 있다.

2) In-house 방식의 조직 구성 사례

In-house 방식의 경우에는 컨설턴트가 사내 헤드헌터의 역할을 겸하고 교육팀과 행정지원팀이 별도로 구성되기도 한다. 하지만 컨설턴트들의 경력개발 차원에서는 교육, 컨설팅, 잡매칭의 역할을 컨설턴트 개개인이 모두 담당하는 것이 바람직하다. 물론 JIT의 역할을 하는 팀이 내부에서 컨설턴트들을 지원하는 구조라면 더욱 바람직하다. 교육팀과 컨설팅팀으로 조직을 구성하는 것보다 컨설팅팀과 JIT로 구성하고 컨설턴트들이 팀 내에서 업무 역할을 배분하는 구조가 더 바람직할 수 있다.

컨설팅팀과 교육팀으로 구분했을 경우 역할이 단절되는 단점이 있다. 이러한 경우 교육팀은 퇴직자 상담 경험이 없어서 교육프로그램에 니즈를 담아내기가 쉽지 않고, 컨설팅팀은 상담 경험을 교육프로그램에 포함할 수 있는 기회가 제한되기 때문에 일반적으로 컨설팅회사에서는 컨설턴트가 상담, 교육, 잡매칭을 모두 담당하는 형태로 직무가 구성되어 있다.

조직을 구성할 때 구조뿐만 아니라 적정인원에 대한 것도 고민이 될 것이다. 인원은 퇴직자의 규모가 어느 정도인지에 따라 컨설턴트 1인이 담당하는 인원이 정해지는데 보통 서비스를 집중적으로 진행하는 3개월을 기본 단위로 설정하면 컨설턴트의 역량에 따라 1인당 30-50명을 배정할 수 있다. 하지만 퇴직자가 상시적으로 발생하므로 In-house 방식일 경우 소규모 인원을 산정하면 컨설턴트 2인(관리자 포함)과 지원인력 1인으로 구성하면 적절하다. 퇴직자 규모가 더 클 경우에는 컨설턴트 4인(관리자 포함)과 지원인력 1인 정도가 적절하다. 이 부분은 기업의 상황에 따라 적정 인원을 산정하는 것이 바람직할 것이다.

[그림 2-5] In-house 방식의 조직구성 사례

	컨설팅팀	교육팀
업무	퇴직자 컨설팅 컨설팅 품질관리 구인정보 발굴 잡매칭 강의	교육기획 프로그램 개발 교육운영 강의 평가

	건설팅팀	JIT(Job Information Team)
업무	퇴직자 컨설팅 컨설팅 품질관리 구인정보 발굴 잡매칭 프로그램 기획/개발 교육운영 강의	구인정보 발굴 정보 발굴 및 제공 행정지원 재무관리 CTC 운영 리셉셔니스트

3) 직무 내용

컨설턴트의 직무내용은 기업의 상황에 따라 많이 달라질 수 있는 부분이지만 일반적으로 요구되는 역할은 다음과 같다. 직무내용은 컨설팅(상담)과 교육, 잡매칭(알선), 각종 정보제공 등 네 가지로 정리할 수 있다. 컨설팅(상담)은 초기상담을 시작으로 진단(대상의 특성에 따라 진단지의 선택이 달라져야 함)과 프로파일 해석, 경력분석 및 이력서 작성, 재취업 관련 스킬 향상, 구직활동 지원, 제2의 인생설계, 생애경력 대안 탐색 및 설계, 경력개발 및 관리에 대한 상담 등이 진행된다.

교육은 재취업지원서비스 사업주 운영 매뉴얼에서 명시하고 있는 교육을 중심으로 운영하고, 향후 기본 교육프로그램이 정착되고 나면 고객의 니즈를 반영한 특화된 프로그램들을 추가해 나가면 좋다. [그림 2-6]에 기본적인 교육프로그램을 예로 제시하였다. 임원 대상 프로그램, 재취업·창업프로그램, 진로설계프로그램(기본적인 생애설계프로그램 포함), 정년퇴직예정자 대상 프로그램을 기본

프로그램으로 진행해야 한다.

[그림 2-6] In-house 방식 센터의 직무내용

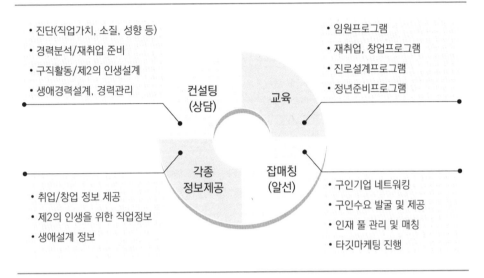

• 진단(직업가치, 소질, 성향 등)
• 경력분석/재취업 준비
• 구직활동/제2의 인생설계
• 생애경력설계, 경력관리

컨설팅
(상담)

교육

• 임원프로그램
• 재취업, 창업프로그램
• 진로설계프로그램
• 정년준비프로그램

각종
정보제공

잡매칭
(알선)

• 취업/창업 정보 제공
• 제2의 인생을 위한 직업정보
• 생애설계 정보

• 구인기업 네트워킹
• 구인수요 발굴 및 제공
• 인재 풀 관리 및 매칭
• 타깃마케팅 진행

　잡매칭(알선)은 실제로 진행해 보면 취업포털에 나와 있는 오픈잡 정보만을 활용해서는 취업률을 높이기가 쉽지 않다. 직접 구인 수요를 발굴하는 과업도 수행해야 한다. 또한, 구인기업과의 네트워킹, 퇴직 인재풀 관리, 타깃마케팅 진행 등의 활동이 추가되어야 한다. 또한 취업과 창업을 위한 각종 정보와 생애경력 대안에 대한 정보 등을 제공해야 한다.

<표 2-1> In-house 방식 센터의 컨설턴트 직무내용

책무	작업 내용
재취업지원	• 잡서치 및 이력서 추천 등 매칭 작업 • 추천 기업 발굴(사내 헤드헌팅 기능) • 타깃마케팅 진행 • 다양한 경력대안 발굴 • 각 경력대안별 정보 제공, 목표 달성 과정 코칭 및 지원
커리어 컨설팅	• 재취업 컨설팅 • 장기적 관점의 경력설계 컨설팅 • 생애설계 컨설팅 • 재직자 경력상담(경력개발 및 관리) • 컨설팅 매뉴얼 개발 • 컨설팅 내용 모니터링 및 슈퍼비전
교육프로그램 기획 및 개발	• 교육생 니즈 조사 • 프로그램 기획 • 프로그램 개발 • 프로그램 실행 준비(예산 편성, 품의, 강사 선정, 교재개발 등)
교육프로그램 운영	• 교육생 모집 • 교육 진행 및 모니터링 • 교육 평가 • 프로그램 결과 보고서 작성
교육 콘텐츠 개발 및 강의	• 기존 전직 콘텐츠에 대한 점검 및 보완 • 니즈 변화에 따른 새로운 콘텐츠 개발 • 강의 콘텐츠 보완 • 콘텐츠에 대한 평가
프로그램 평가	• 프로그램 효과분석 • 개선방안 도출
구성원 역량 강화	• 지식 및 기술 전수 교육 진행 • 컨설팅 직무 OJT
정보 제공	• 뉴스레터, 정보메일 등 정기적 정보 제공 • 외부 교육 정보 제공 • 채용정보 제공 • 외부 기관과 연계한 정보 발굴 및 제공
기타 업무	• 센터 홍보활동 • 상담 내역 입력 • 업무 보고 • 각종 보고서 작성

4) 컨설턴트 선발

In-house 방식의 센터를 구상하는 경우 조직을 어떻게 구성할 것인지가 가장 어려운 과제이다. 센터가 출범할 때는 최소의 인원으로 구성하는 것이 좋은데, 컨설턴트 2인과 지원인력 1인으로 구성하는 것이 가장 적절하다. 이렇게 3인으로 구성할 경우 컨설턴트 1인은 인사팀에서 선발하고 관리자의 역할을 겸하는 것이 좋다. 다른 컨설턴트 1인은 외부 전문 컨설턴트를 채용하든지 아니면 사내 공모나 인사팀 또는 구매팀에서 적합한 인력을 선발하는 것도 바람직하다. 인사팀에서 센터 개설을 준비해 온 인력이 센터의 관리자 역할을 수행하는 것이 직무 연계 차원에서도 용이한 점이 많다. 또한, 다른 컨설턴트 1인은 전문가를 영입하는 것도 센터의 시스템을 조기에 정착시킬 수 있는 좋은 방법일 수 있다. 이러한 경우 교육, 상담, 잡매칭을 모두 실행해 본 컨설턴트를 채용하는 것이 바람직하다. 지원 인력 1인의 역할은 각종 정보의 서치 및 제공, 행정지원, 리셉셔니스트, 비용 결산, 교육운영 지원, 소식지 발행 등으로 단순히 행정 직무만을 염두에 두고 선발하는 것은 바람직하지 않다.

TIP

외부 전문 컨설턴트 채용 시 점검 사항
- 경력: 전직지원서비스 분야 컨설팅 경력 10년 이상
- 기타 경력: 조직 경험 5년 이상
- 학력: 석사 이상
- 전공분야: 인적자원개발(HRD), 조직심리학, 경영학(인사조직) 등
- 교육 이수 및 진단자격: 심리진단 교육 이수 및 진단지 사용 권한 보유(MBTI, Strong, Disc, 에니어그램, 교류분석 등)
- 자격증: 직업상담사 1, 2급, GCDF(Global Career Development Facilitator) 등 (다만, 자격보다는 실무 경험이 우선)
- 공공 프로젝트보다는 기업 전직프로젝트 PM이나 구성원 경험 위주로 체크
- CTC 설치 및 기업 신규 프로젝트 런칭 경험 우대
- 프로그램 기획 및 개발, 컨설팅(상담), 구인수요발굴 및 잡매칭, 강의 등을 모두 경험한 인력을 우선 선발
- 유연하고 공감능력이 뛰어나며 서비스 마인드를 보유한 인재

5. CTC(Career Transition Center) 구축

1) 명칭 정하기

전직지원서비스(outplacement service)가 국내에 상륙할 당시 서비스를 제공하는 공간을 미국에서 명명하던 대로 CTC(Career Transition Center)라고 호칭했었다. 그 이후 시간이 흐르면서 다양한 명칭이 등장했는데 대표적인 예가 CDC(Career Development Center), CCC(Career Consulting Center)이다. 이외에도 '커리어 디자인 센터'나 '행복한 동행 센터' 등 개성이 넘치는 명칭들이 등장하고 있다. 명칭은 기업의 특성을 잘 담을 수 있고 센터의 역할을 잘 표현할 수 있는 명칭으로 정하면 좋다.

2) 설치 장소 찾기 및 공사하기

센터를 설치할 장소는 퇴직자들이 재직할 당시의 본사 건물과는 거리상 조금 떨어져 있는 공간이면 좋고 가능하면 재직 근로자와 동선이 겹치지 않는 공간으로 찾아보는 것이 좋다. 보통 퇴직 후에는 본인이 다니던 회사의 후배나 동료와 마주치는 것을 달가워하지 않는 경향이 있다. 그래서 재취업지원서비스를 제공하는 공간은 회사 내부가 아닌 외부에 독립된 공간으로 설치하는 것이 가장 좋으며, 교통이 편리하고 주위에 산책할 공간이 있으면 더욱 좋은 입지가 된다. 입지 선정이 끝나면 내부 인테리어 공사는 몇 군데 인테리어 회사에서 견적을 받아 진행하고 인테리어는 퇴직자가 편안하게 머무를 수 있는 공간을 조성하는 데 주안점을 두고 진행한다.

3) 서비스 제공 동선 및 공간 구상하기

센터를 설치한다고 하면 단순하게 필요한 공간들을 배치하면 되는 것으로 생각할 수 있다. 그러나 지금 설치하려는 공간은 특별한 주제의 서비스를 제공하는 공간으로, 그 대상이 퇴직자와 퇴직예정자임을 고려해야 한다. 또한, 서비스를 제공할 동선을 미리 구상하고 시뮬레이션을 해 보는 것이 바람직하다.

[그림 2-7] In-house 방식 센터의 내부 구성 예

재취업지원서비스를 제공받으려는 퇴직자와 퇴직예정자가 센터를 방문하면 맨 먼저 리셉션 데스크를 지나쳐야 한다. 리셉션 데스크에서 방문 목적에 따라 안내가 이루어지는데, 상담, 교육, 구직활동 공간 이용 등 방문 목적에 적합한 공간은 안쪽으로 배치하고 다수가 이용하는 공간인 휴게공간은 리셉션 데스크와 가까운 입구 쪽에 배치하는 것이 좋다. 이 중 교육장은 휴게공간과 가깝게, 상담공간은 프라이빗하고 조용한 장소에 배치한다.

또한, 구직활동이나 재취업 준비를 위한 구직활동 공간은 컴퓨터, 프린터, 팩스 등이 갖춰진 오피스 공간으로 꾸미고 편안하고 소음을 피할 수 있는 곳이면 더욱 좋다. 이외에 직원 사무공간은 고객 공간과 분리된 공간으로 만들고 회의나 집단 상담을 위한 공간을 두는 것도 여러모로 활용도가 높다. 공간 배치는 [그림 2-7]을 참조하여 장소의 형태와 목적에 맞게 배치한다.

6. 서비스 프로세스 구축 및 매뉴얼 제작

　재취업지원서비스 프로세스를 구축하는 것은 제공할 서비스 내용을 토대로 해야 한다. 재취업지원서비스 사업주 운영 매뉴얼을 보면 기본적으로 제공해야 할 서비스의 내용들이 정리되어 있으므로 운영 매뉴얼을 참조하는 것이 좋다. 여기서는 컨설팅 기관들이 정리해 놓은 서비스 제공 프로세스를 제시한다. 프로세스는 전체 서비스 제공 프로세스와 진로설계(생애경력설계) 프로세스, 재취업지원 프로세스, 창업지원 프로세스, 재취업 및 창업컨설팅 프로세스 등으로 정리한다.

[그림 2-8] 전체 서비스 프로세스(재취업지원 중심)의 예

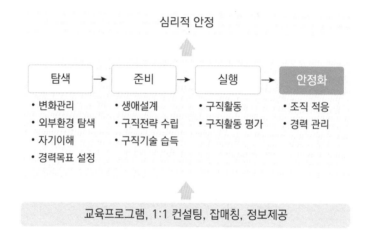

[그림 2-9] 재취업지원 프로세스의 예

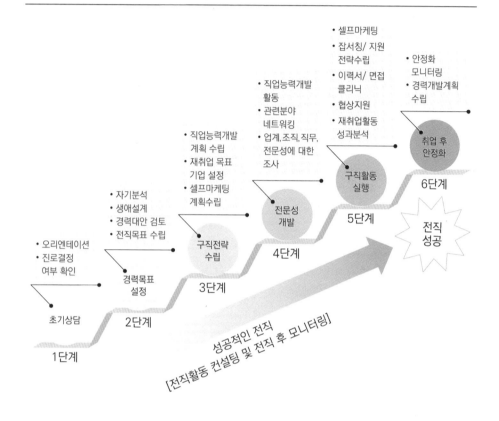

출처: S사 홈페이지

　매뉴얼 제작은 서비스 프로세스 및 콘텐츠를 정리하는 작업이다. 이 작업은 기존에 보유하고 있거나 활용하고 있는 프로그램이나 콘텐츠가 있을 때 가능한 작업이다. 따라서 센터 개설 초기에 무리하게 서두르기보다 프로그램과 컨설팅 운영 경험을 축적해 가면서 정리하는 것이 더 바람직하다. 그럼에도 불구하고 프로그램과 컨설팅 운영을 위한 초기 버전의 매뉴얼이 필요하다면 경력직 컨설턴트를 채용한 후에 매뉴얼을 정리하는 것이 효과적이다. 또한, 한국고용정보원의 연구보고서를 찾아보면 비슷한 분야의 매뉴얼을 찾을 수 있다.

[그림 2-10] 재취업 및 창업컨설팅 프로세스의 예

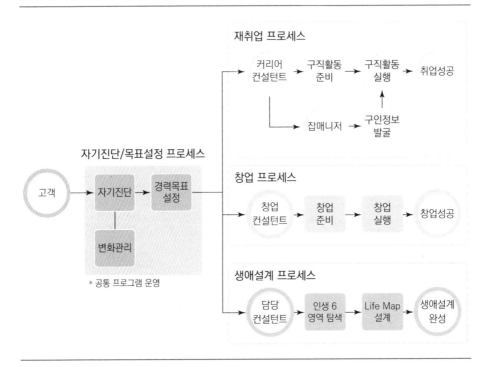

출처: G사 홈페이지

 TIP

매뉴얼 제작 절차
1. 자료 수집: 내·외부 자료 수집하기
2. 목차 정하기: 전체 서비스 프로세스에 포함된 카테고리를 틀에 맞춰 배열
3. 내용 정리: 각 파트별로 담당자를 정해 작성할 내용들을 정리하고 협의
4. 내용 집필: 수집된 자료를 토대로 내용을 작성
5. 내용 검토: 집필된 내용을 전체 취합하여 수정, 보완 사항을 체크 후 작업
6. 최종 검토: 오탈자 및 부자연스러운 표현 등 수정
7. 출판: 책 제본, 스프링 제본 등의 방법으로 제본하여 업무에 활용

TIP

매뉴얼 목차 사례

1. 재취업지원서비스의 이해
   - 제도의 이해
   - 실행 방안
2. 생애설계
   - 여가
   - 주거
   - 가족, 사회관계
   - 건강
   - 재무
3. 진로(생애경력)설계
   - 진단
   - 경력대안 탐색
   - 경력목표 설정
   - 실행계획 수립
   - 진로설계서 작성
4. 재취업
   - 경력 분석
   - 이력서, 자기소개서 작성
   - 구직 활동 전략

- 면접 전략
- 협상 전략
- 재취업 후 조직 적응
5. 창업
   - 창업 예비분석
   - 아이디어 발굴
   - 사업타당성 분석
   - 자금 확보
   - 사업계획서
   - 법인 설립 및 사업자 등록
6. 취업알선
   - 초기상담
   - 이력서, 자기소개서 클리닉
   - 목표시장 설정
   - 구직활동 코칭
   - 구직활동 점검
   - 면접 코칭
   - 오퍼에 대한 대응 코칭
   - 재취업 후 조직 적응 코칭

7. 자사 직원에 대한 사전교육

시비스 전체를 아웃소싱하든지 자체 운영을 하든지 자사 직원들을 위한 교육은 필수적이다. 내용을 제대로 알고 서비스를 진행하려면 사전학습이 필요하다. 만약, 내부 인력 중 재취업지원서비스 전체 콘텐츠에 대한 교육 내용을 강의할 전문가가 없을 경우, 컨설팅회사에서 커리큘럼을 제안받아서 필수 내용 중심으로 진행하는 것도 좋다. 센터 설립 초기에 활용할 수 있는 사전교육 내용의 사례는 [그림 2-11]과 같다.

[그림 2-11] 컨설팅 역량강화 Basic Coursework의 사례

■ 과정목표: 컨설팅 업무 수행에 기초가 되는 지식기반 수립
■ 주요내용: 컨설팅 대상에 대한 이해, 적용방법, 콘텐츠에 대한 전반적 이해
■ 교육기간: ○○○○년 11월 10일 – ○○○○년 4월 19일(총 69시간)
■ 교육시간: 매주 목요일 14:00 – 17:00
■ 교육장소: 센터 교육장
■ 교육진행방식
　　1) 강의 및 토의 방식 진행 + 과목별 사후 과제 수행
　　2) 참고교재 또는 관련 아티클 선정하여 제공/질의응답

차수	일자	요일	주제 영역	교육 내용	시간 (hr)
세션 1	11월 10일	목	About	커리어컨설턴트의 역할과 비전	3
세션 2	11월 17일	목	career	경력컨설팅 프로그램의 이해	3
세션 3	11월 24일	목	consulting	컨설턴트의 전문성 개발과 경력관리	3
세션 4	12월 01일	목	About	성인학습의 이해	3
세션 5	12월 08일	목	our client	성인발달과 생애주기	3
세션 6	12월 15일	목		성인교육과정 개발 이해	3
세션 7	12월 22일	목	About	상담에 대한 이해	3
세션 8	01월 05일	목	the method	컨설팅 & 코칭에 대한 이해	3
세션 9	01월 12일	목		1:1 상담의 실제	3
세션 10	01월 19일	목		변화관리(직업 환경/개인 정서)	3
세션 11	01월 26일	목		생애설계	3
세션 12	02월 02일	목		자기분석(성향: MBTI)	3
세션 13	02월 09일	목		자기분석(성격: 교류분석)	3
세션 14	02월 16일	목		자기분석(가치: Career Anchor/소질: 전용성소질)	3
세션 15	02월 23일	목	About	자기분석(흥미 RIASEC 코드 분석)/진단 결과 통합분석	3
세션 16	03월 08일	목	the	자기분석(성과/역량 분석)	3
세션 17	03월 15일	목	contents	직업정보조사	3
세션 18	03월 22일	목		경력목표 설정/전직목표 설정/전직계획 수립	3
세션 19	03월 22일	목		이력서 작성 및 클리닉	3
세션 20	03월 29일	목		인터뷰전략 및 클리닉/이미지 메이킹	3
세션 21	04월 05일	목		인터뷰 시뮬레이션/잡오퍼 분석 및 협상	3
세션 22	04월 12일	목		구직전략	3
세션 23	04월 19일	목		상담 롤플레이	3

8. 사내 홍보 및 서비스 안내

재취업지원서비스를 실행할 때 꼭 거쳐야 할 절차가 서비스에 대한 홍보이다. 퇴직예정자나 퇴직자가 서비스를 활용하기 위해서는 재취업지원서비스가 의무화되었다는 사실과 서비스 내용 등에 대해 알려야 한다.

TIP

홍보기사 사례

임직원 100세 인생 설계 지원 위한 '경력컨설팅센터' 설립
• 17일 서울 ○○○서 임직원을 위한 '경력컨설팅센터' 개소식 실시
• 생애설계교육, 경력개발, 창업컨설팅 등 다각적인 지원
• 재직 임직원뿐만 아니라 퇴직 임직원까지 서비스 활용 가능

우리회사가 임직원의 체계적인 인생 설계 지원을 위해 '○○○ 전직센터'를 설립했습니다.
우리 회사는 17일 서울 ○○동에서 경영지원실 ○○○ 사장, 인사팀 ○○○ 전무 등이 참석한 가운데 '○○○ 전직센터' 개소식을 가졌습니다.
우리 회사의 '전직센터'는 직업상담사, 창업컨설턴트 등 전문가들로부터 임직원들이 재무설계, 건강관리, 인간관계 등 성공적인 노후를 준비할 수 있도록 하는 생애설계교육은 물론, 퇴직 후 창업컨설팅까지 체계적인 서비스를 제공할 예정입니다.
특히 임직원들이 지속적으로 경력을 개발, 관리할 수 있도록 취업과 창업 정보를 제공하고 자격증 취득 등의 역량 개발 프로그램도 지원합니다.
퇴직 후 취업을 원하는 경우에는 구인 기업과 연계해 취업을 알선하고, 창업을 준비하는 경우에도 컨설팅과 실질적인 행정 업무를 지원해 도움을 줄 수 있도록 할 예정입니다.
'경력컨설팅센터'는 서울뿐만 아니라 ○○, ○○, ○○에서도 운영됩니다.
우리 회사의 ○○○ 사장은 "장기적인 경력 개발과 관리에 대한 임직원들의 관심이 날로 높아지고 있어 앞으로 회사 차원에서도 적극적으로 지원할 예정"이라고 말했습니다.
우리 회사는 또, 현재 재직 중인 임직원뿐만 아니라 퇴직 임직원까지 '경력컨설팅센터'의 서비스를 이용할 수 있도록 하고 9월부터 근속 10년 이상 퇴직 임직원의 자녀 결혼과 같은 경조사를 지원하는 등 퇴직 임직원과의 교류도 강화할 예정입니다.

홍보의 방법은 기업의 상황에 따라 조금씩 다르겠지만 인사부서에서 퇴직 상담 시 안내하는 방법이 가장 효과적이다. 그러나 사내에 이러한 역할이나 부서 또는 센터가 존재하며 어떤 일을 하는지에 대한 전반적인 홍보가 사전에 이루어진다면 재취업지원서비스를 실행하는 데 큰 도움이 될 것이다. 홍보는 사내 뉴스나 TV 등을 통해 진행하거나 공지를 통해 알리는 방법이 있고, 아니면 설명회를 개최하거나 센터 주관의 특강 등을 진행해도 좋다. 또는 사내교육 중에서 40대 이상의 인력들이 참여하는 승급교육이나 직무교육이 진행될 때 홍보하는 것도 좋은 방법이다.

FAQ

1. 재취업지원서비스를 도입하기 위해 준비해야 할 것들은 무엇입니까?

재취업지원서비스를 시행하기 위해서는 우선 인사팀에 전담자를 지정하는 것부터 시작해야 한다. 전담자가 지정되면 그때부터 재취업지원서비스에 대한 스터디를 시작하고 내용을 어느 정도 파악하면 타 기업을 벤치마킹하는 것도 좋다. 그 이후 어떤 형태로 운영하는 것이 자사에 가장 좋은 방법인지를 검토하여 관련 당사자 및 유관부서들과 협의하고 최종 보고서를 작성하여 경영진의 승인을 받는 프로세스로 진행하는 것이 좋겠다.

2. 재취업지원서비스를 단시간에 실행할 수 있는 방안은 무엇입니까?

재취업지원서비스를 가장 간단하게 시행하는 방법은 서비스 전체를 전문 컨설팅회사에 아웃소싱하는 방법이다. 하지만 초기에는 가장 간편하고 좋은 방법으로 보일지 모르지만 점차 시간이 흐르면서 관련 노하우나 데이터가 축적되지 않아 발전적이지 못하며, 비용이 투자됨에도 불구하고 뚜렷한 성과를 기업의 의지대로 이루어내기 어렵다. 이처럼 비용 대비 효과를 산출하는 등 어떤 방법이 장기적인 관점에서 자사에 가장 효과적인 방법인지 검토할 필요가 있다.

3. 재취업지원서비스를 In-house 방식으로 운영할 때 가장 큰 장점은 무엇입니까?

In-house 방식은 초기 투자나 준비과정이 복잡할 수 있지만, 이 제도가 1-2년 시행할 제도가 아니라는 판단이 서면 전향적으로 In-house 방식을 검토해 볼 것을 권하고 싶다. In-house 방식은 서비스 운영의 노하우와 경험이 축적되고 자사의 인력에 대한 인사자료의 외부 노출을 막을 수 있고 자사의 전문가가 양성되고 퇴직자의 회사에 대한 인식에 긍정적인 영향을 미치며, 조직문화에도 영향을 미친다. 이는 퇴직관리의 차원에서 중요한 요소이며 최소의 투자로 조직의 긍정적 변화를 유도할 수 있다.

4. 재취업지원서비스를 회사가 자체적으로 운영하려고 할 때 고려할 사항 중 가장 중요한 사항은 무엇입니까?

자체 운영을 위해 우선적으로 고려할 사항은 어느 정도까지 자체적으로 해결할 것인가 하는 문제이다. 서비스 전체를 자체 운영할 것인지, 일부만

자체 운영하고 일부는 아웃소싱을 할 것인지 등의 문제를 퇴직자의 규모나 자체 역량에 따라 결정하는 것이 중요하다. 예를 들면 취업알선을 위해 타 기업을 대상으로 잡마케팅을 할 수 있는 역량이 되는지 아니면 단지 오픈되어 있는 잡 정보만을 전달할 수 있는지 아니면 헤드헌터나 여타 기관들과 협력을 통해 알선이 가능한지를 검토하고 나서 서비스 수준을 결정하는 것이 필요하다.

5. 재취업지원서비스를 운영하기 위한 조직은 구체적으로 어떤 직무를 수행합니까?

재취업지원서비스를 운영하는 조직의 직무는 교육과 상담/컨설팅, 취업알선의 세 가지 직무를 중심으로 재취업지원과 알선, 취업처 발굴, 교육프로그램 기획 및 개발, 교육운영, 정보제공의 직무를 수행하게 된다.

6. 재취업지원서비스를 운영하기 위해 CTC(경력전환센터)의 설치가 꼭 필요합니까?

서비스의 범위를 어디까지로 정할 것인지에 따라 달라지는데 교육 중심으로 운영한다고 하면 교육장을 갖춘 사내의 일부 공간만 있으면 가능하다. 하지만 퇴직자가 재취업을 준비하고 구직활동을 하려면 별도의 센터가 필요하다. 퇴직자들은 구직활동을 자택에서 하는 것에 대해 불편함을 호소하는 경우가 많고 상담/컨설팅을 진행하려면 최소한의 상담 공간을 구비해야 하므로 센터를 마련하는 것이 좋다.

7. 재취업지원서비스 프로세스를 구축할 때 꼭 고려해야 할 사항은 무엇입니까?

재취업지원서비스 매뉴얼에 제시된 내용을 우선적으로 고려하되 자사의 서비스 전달 상황이나 특성을 고려하여 프로세스를 구축해야 한다. 각 회사마다 조직체계와 퇴직자의 규모, 그리고 제공할 콘텐츠의 보유 여부가 다를 것이므로 자사의 여건을 고려하여 프로세스를 구축해야 서비스가 효율적으로 전달될 것이다.

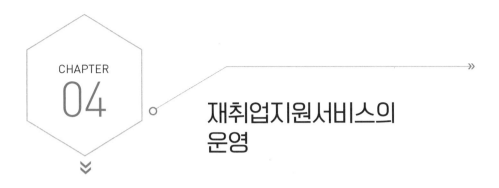

CHAPTER
04

재취업지원서비스의 운영

재취업지원서비스의 체계는 일반적으로 생애설계를 기본으로 하고 진단(소질, 적성 등) 및 상담, 컨설팅을 기반으로 하여 진로설계, 재취업·창업 지원 교육, 취업알선으로 구성된다. 이 장에서는 교육, 상담, 진단, 취업알선에 대한 내용을 구체적으로 제시하였다.

1. 교육

재취업지원서비스 도입 시 가장 고민을 해야 할 부분은 교육이다. 무엇을 어떻게 준비해야 할지 막막할 수 있기 때문이다. 일단은 기존에 교육부서에서 프로그램을 기획, 개발하는 방식으로 진행하는 것이 가장 용이한 방법이다. 회사의 교육부서에서 그동안 진행해 왔던 콘텐츠와 달라서 당황할 수도 있으나, 어떤 내용으로 구성되어야 하는지 큰 방향이 수립되면 교육은 그다지 어려울 것이 없다. 또한, 자체 운영이 어려울 경우 아웃소싱을 선택할 수도 있기 때문에, 처음부터 걱정할 필요는 없을 것 같다. 시시히 체계를 만들어간다는 생각으로 시작할 필요가 있다.

1) 프로그램 기획 및 개발

우선 프로그램을 기획하고 개발하기 위해서는 어떤 프로그램이 필요할 것인지부터 살펴봐야 하는데, [그림 2-12]와 같은 체계도를 활용하면 되기 때문에 고민 없이 시작할 수도 있다.

[그림 2-12] 진로설계의 이해

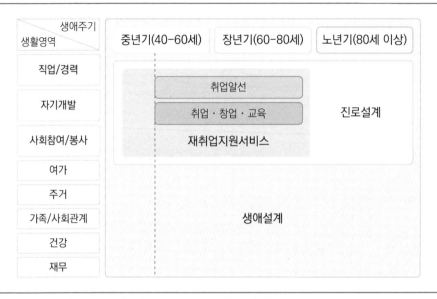

출처: 고용노동부 (2020). 사업주의 재취업지원서비스 운영 매뉴얼.

[그림 2-12]의 체계도는 고용노동부에서 발간한 재취업지원서비스 운영 매뉴얼에 제시된 '진로설계의 이해'라는 내용으로, 이 체계도를 활용하면 어떠한 프로그램을 운영하면 될지 모두 도출할 수 있다. 우선 재취업지원서비스는 50세 이상의 연령대가 참여하는 서비스이기 때문에 체계도의 세로 점선 오른쪽 부분이 여기에 해당된다. 또한, 좌측 세로 메뉴 중 직업과 경력, 자기개발, 사회참여와 봉사 영역과 관련하여 취업과 창업교육, 취업알선, 진로설계 프로그램을 운영할 수 있고, 여가, 주거, 가족/사회관계, 건강, 재무영역에 관한 내용을 구성하여 생애설계프로그램을 운영할 수도 있다.

그러나 가급적 회사에서 퇴직하는 인력, 즉 프로그램의 대상을 분석하는 작업을 먼저 추진한 후에 기획과 개발을 진행할 필요가 있다. 연령, 직급, 직무, 조직문화 등에 따른 특성을 파악하고 니즈 조사를 진행할 수 있다면 설문을 하는 것도 좋은 자료가 될 수 있다. <표 2-2>는 50대 비자발적 퇴직자의 대표적인 특성으로 볼 수 있으며 이에 따라 도출된 프로그램의 목표를 기술했다. 각각의 프로그램 득성에 따라 목표는 조금씩 달라져야 하지만 재취업지원프로그램의 전반적인 목표로 제시할 수 있다.

〈표 2-2〉 재취업지원프로그램 대상의 특성 및 목표

퇴직(예정)자의 특징	프로그램의 목표
• 나이가 50대이며 자녀 학비 등 지출이 가장 많은 시기	• 빠른 재취업
• 외부 노동시장에 대한 정보가 빈약하고, 노동시장에서의 포지셔닝이 불명확 • 전문분야의 역량, 지식, 기술 등의 확보에 대한 정리가 안 되어 있음 • 자신에 대한 마케팅 능력 부족	• 고용가능성의 제고
• 프로세스나 매뉴얼에 의한 업무수행으로 유연성 부족 • 대기업에서 중소기업으로의 경력이동으로 조직문화, 시스템 등 조직 간 격차를 경험하게 됨	• 개인의 변화관리 능력과 유연성 제고 및 관점의 전환
• 재취업을 경험해 본 적이 없음	• 재취업 기술 습득과 실행력 강화
• 재직 중인 기업과 재취업할 기업의 직무가 상이하고 역할이 변화됨에 따라 적응력이 떨어짐	• 새로운 조직에서 필요로 하는 직무능력 개발을 통해 전직 후 적응력 제고
• 60세 이후의 장기적 경력에 대한 준비와 직업 이외의 생애 영역에 대한 설계가 필요한 시점	• 제2의 인생설계 지원 • 생애 경력 설계
• 퇴직으로 인한 불안감과 미래에 대한 준비 부족으로 인한 정신적 아노미 현상	• 심리적 안정 획득

출처: 김석란 (2016). 기업 전직지원프로그램의 효과분석에 관한 연구. 숙명여자대학교 대학원 박사학위
논문, p. 50.

대상 분석이 끝나면 관련 프로그램들에 대한 기존 공공 재취업지원센터의 프로그램이나 한국고용정보원의 자료, 벤치마킹 자료, 외부 아웃소싱 기관들에서 제안받은 프로그램들을 참고하여 자사(自社)의 상황에 맞는 맞춤형 프로그램을 기획하고 개발한다.

2) 프로그램의 내용

재취업지원서비스에서 제공해야 할 프로그램을 결정했다고 해서 바로 프로그램을 시작할 수 있는 것은 아니며 내용에 대한 자료를 많이 수집했다고 해도 실제 내용을 구성하기가 용이하지 않다. 이를 해결하기 위해, 기본적인 프로그램 구성을 소개하면 다음과 같다.

(1) 진로설계프로그램

〈표 2-3〉 진로설계프로그램 사례

날짜	강좌	시간	강의명	내용
1일 차	-	0.5	오리엔테이션	• 프로그램 내용 안내 • 교육 중 주의사항
	1	2	생애경력설계 시작하기	• 인생 2막의 다양한 활동들 • 장기적 생애경력의 준비
	2	3	자기이해(진단)	• 성향, 가치, 소질의 탐색 • 직업과 특성의 매칭포인트 • 진단 결과 리뷰
2일 차	3	2	생애경력대안 탐색 1 (귀농, 귀산촌)	• 귀농의 다양한 형태 • 귀촌·귀산촌을 위한 탐색
	4	2	생애경력대안 탐색 2 (신직업, 자격증)	• 신직업, 유망직업 탐색 • 자격증의 종류와 취득방법
	5	2	생애경력대안 탐색 3 (기술교육)	• 국비지원 교육안내 • 직무전환을 위한 기술교육
3일 차	6	2	생애경력대안 탐색 4 (사회적 경제영역)	• 사회적 경제영역의 기회들 • 진입을 위한 준비와 자세
	7	3	생애경력 목표 & 실행계획 수립	• 생애경력대안의 정리 & 목표설정 • 진로설계서 작성
	-	0.5	과정 정리	• 과정에 대한 소감 나누기 • 과정평가 및 향후 안내

재취업지원서비스 운영 매뉴얼에 따르면, 진로설계는 진단 및 상담 → 진로설계교육 → 진로설계서 작성의 단계를 거쳐야 한다. 다만, 재취업이나 창업을 경력목표로 이미 정한 경우에는 굳이 진로설계 내용을 이수하지 않아도 된다. 그러나 퇴직 시 재취업이나 창업을 결정할 근거가 명확하지 않고 다른 목표를 생각해 보지 못했다면, 어떤 대안들이 있는지 알지 못하여 당연히 재취업이나 창업을 선택하는 경우가 대부분이기 때문에 진로설계를 기본교육으로 수강하고 나서 경력 방향을 결정하는 것이 합리적이다.

일반적으로 재취업이 용이한 나이일 경우 무조건 재취업을 선택하고, 재취업이 어려워지는 시기가 되면 진로설계의 필요성을 절감하게 된다. 보통 시장의 여건이나 직무에 따라 조금씩 다르긴 하지만 50대 중반 정도까지는 재취업의 가능성이 어느 정도 남아 있다.

<표 2-3>의 프로그램 사례에 나와 있는 경력대안들은 재취업 이외의 대안들이며 대부분 50대 중후반 이후에 고려해 볼 수 있는 대안들이다. 프로그램 대상에 따라 대안들은 변경되어야 하며, 재취업지원서비스 법안에서 기본으로 제시한 프로그램 이수시간인 16시간보다 더 시간 수를 늘리고 싶을 때는 대안을 추가하는 방향으로 하면 별로 어렵지 않을 것이다. 그리고 사례는 3일 과정으로 구성되어 있지만 2-4일 과정으로 운영해도 좋을 것이다. 아울러, 퇴직 이전의 경력을 활용하여 재취업을 하는 퇴직자들이 진로설계프로그램을 이수할 경우에는 장기적 관점의 인생 후반 진로설계에 초점을 맞추는 것이 중요하다.

(2) 재취업프로그램

재취업프로그램의 목적은 신속한 재취업이다. 때문에 이론적인 내용은 가능한 한 배제하고 재취업을 위해 꼭 필요한 실질적인 내용을 중심으로 배치하는 것이 효과적이다. 우선 첫 번째 강좌는 퇴직 이후의 변화에 대한 인지와 적응력 제고를 위한 내용으로 구성하고 재취업을 위한 마음가짐이나 준비사항들에 대해 설명한다. 또한, 실제 퇴직 후에 4대 보험을 어떻게 처리할 것인지에 대한 정보를 제공하고 이력서 작성, 면접 노하우, 재취업의 방법들에 대한 지식과 기술을 전달하며 마지막으로 구직활동 계획을 수립하는 것으로 마무리한다.

이렇게 진행하는 것이 가장 기본적인 구성이다. 여기에 역량 분석이나 면접 예상 질문에 대한 답변 정리, 새로운 기업에서 적응하기 등에 대한 강좌가 추가될 수 있겠다. 재취업지원을 위한 교육은 개개인의 상황이나 니즈를 고려하기 쉽지 않으므로 교육과 상담이 병행되면 더욱 효과적이고 2-4일 과정으로 구성하면 적합하다.

〈표 2-4〉 재취업프로그램 사례

날짜	강좌	시간	강의명	내용
1일 차	-	0.5	오리엔테이션	• 프로그램 내용 안내 • 교육 중 주의사항
	1	2	퇴직 이후의 삶과 재취업 준비	• 퇴직 이후 삶의 변화와 적응 • 취업을 위해 준비할 것들
	2	3	퇴직 후 4대보험 처리 절차	• 퇴직 후 4대보험 처리 내용 • 국민연금, 건강보험, 실업급여
2일 차	3	2	파워이력서 작성	• 항목별 이력서 작성 노하우 • 성공경험 찾기와 표현하기
	4	2	성공하는 면접노하우	• 면접 성공을 위한 전략 • 면접 준비와 주의사항
	5	2	면접 시뮬레이션	• 면접을 위한 이미지메이킹 • 실전 면접과 실습내용 평가
3일 차	6	2	구직활동 전략	• 재취업을 위한 다양한 방법들 • 타깃마케팅 방법 및 실전
	7	3	구직활동 실행계획 & 실습	• 재취업 방법별 실습 • 구직활동 실행 계획
	-	0.5	과정정리	• 과정에 대한 소감 나누기 • 과정평가 및 향후 안내

(3) 창업프로그램

창업프로그램은 수강하고자 하는 50대의 퇴직자가 아직은 10% 미만으로 여전히 소수이다. 창업을 희망하는 퇴직자는 5% 미만이라고 보는 것이 현실적이다. 관심이 없다기보다는 경험이 없고 투자에 대한 불안심리 때문이다. 창업교육은 의외로 관심을 갖고 참여하는 사람들이 많지만 16시간은 창업을 준비하기에는 턱없이 부족한 시간이므로 외부의 창업교육이나 스타트업 과정, K스타트업 홈페이지(www.k-startup.go.kr)의 온라인 과정과 오프라인 과정을 참고할 필요가 있다.

창업프로그램 사례는 매우 기본적인 내용만으로 구성되어 있으며 여기서 시간을 더 늘리고 싶다면 '프랜차이즈 창업전략' 이외의 창업의 다른 형태와 관련된 강좌를 추가하면 된다. 예를 들어, 1인 지식기업 창업, 인터넷 창업, 기술 창업, 창업 성공스토리 등의 강좌로 구성할 수 있다. 아울러, 회사의 상황에 따라 2-4일 과정으로 구성한다.

〈표 2-5〉 창업프로그램 사례

날짜	강좌	시간	강의명	내용
1일 차	–	0.5	오리엔테이션	• 프로그램 내용 안내 • 교육 중 주의사항
	1	2	성공 Biz를 위한 창업 마인드	• 경영환경 변화에서 살아남기 • 창업가의 도전정신
	2	3	아이템 선정 및 사업환경 분석	• 사업 분야의 동향 탐색 • 아이템 관련 사업환경 분석
2일 차	3	2	사업타당성 분석	• 선택 아이템의 타당성 분석 • 분석툴을 활용한 타당성 검증
	4	2	정부지원사업 활용 방안	• 각종 정부지원제도 탐색 • 지원제도의 활용과 주의점
	5	2	프랜차이즈 창업전략	• 프랜차이즈 업종 탐색 • 업종별 특성 및 주의사항
3일 차	6	3	사업계획서 작성 노하우	• 창업을 위한 사업계획서 작성 • 사업계획서 활용하기
	7	2	개인/법인 사업자등록	• 개인/법인사업자 등록 절차 • 사업시작 시 체크 포인트
	–	0.5	과정정리	• 과정에 대한 소감 나누기 • 과정평가 및 향후 안내

(4) 생애실계프로그램

생애설계프로그램은 대상에 따라 내용이 많이 달라질 수 있다는 점을 감안하고 교육대상에 최적화된 과정을 만들어나가는 데 지속적인 관심을 가져야 한다. 기본적으로는 대상의 특성에 맞는 인생 영역을 정하고 그 영역별로 대상의 나이 대에 꼭 필요한 내용들을 우선적으로 배치한다. 사업주 운영매뉴얼에서는 직업 외에 여가, 주거, 가족/사회관계, 건강, 재무를 생애설계의 영역으로 정하고 있다. 매뉴얼에 따라 이러한 영역과 관련된 강좌를 구성하면 될 듯하다. 사례는 그 일면을 보여주는 것으로 참고만 했으면 한다. 과정은 2-4일 과정으로 구성하면 좋다.

〈표 2-6〉 생애설계프로그램 사례

날짜	강좌	시간	강의명	내용
1일 차	-	0.5	오리엔테이션	• 프로그램 내용 안내 • 교육 중 주의사항
	1	2	6 라이프 밸런스	• 인생 6영역에 대한 점검 • 영역별 과거 조망과 리뷰
	2	3	4대연금과 노후준비	• 인출중심의 연금포트폴리오 • 관련 세제와 사례 분석
2일 차	3	2	특강(주제: 인생 2막)	• 스스로 삶의 속도 조절하기 • 오롯이 자신을 바라보기
	4	2	중년의 건강관리	• 건강관리의 중요성 재인식 • 갱년기 지혜롭게 극복하기
	5	2	노후를 위한 자산관리	• 수익형 부동산 투자 전략 • 자산 포트폴리오 구성
3일 차	6	2	가족 & 여가	• 가족관계의 커뮤니케이션 전략 • 여가 선택의 기준과 여가 즐기기
	7	3	라이프플래닝 워크숍	• 삶의 6영역에 대한 준비 • 영역별 점검 및 계획세우기
	-	0.5	과정정리	• 과정에 대한 소감 나누기 • 과정평가 및 향후 안내

(5) 기타 프로그램

교육프로그램은 앞서 언급한 4개 프로그램이 재취업지원서비스의 기본 프로그램이다. 이 교육프로그램들을 각각 운영하는 것이 물리적으로 힘들다는 판단이 서면 4개 프로그램을 모듈로 보고 교육 대상에게 적합한 강좌들을 각 모듈에서 선택해서 하나의 프로그램으로 운영하는 것도 가능하다. 이외에도 퇴직자들의 니즈나 특성에 따라 운영되어야 하는 과정이 정년퇴직 예정자 프로그램이며 임원프로그램도 대상에 맞춰 기획되어야 한다. 그러나 In-house 센터에서 이러한 프로그램을 운영하기 어려운 이유는 교육 인원이 프로그램을 운영할 만큼 성원이 되지 않기 때문이다. 자체 운영이 어려울 경우 아웃소싱을 하는 것도 바람직할 것이다.

① 정년퇴직 예정자 프로그램

정년퇴직 예정자 프로그램은 정년 도래 3년 전부터 프로그램에 입과가 가능한 것으로 재취업지원서비스 운영매뉴얼에 명시되어 있다. 인생 100세 시대의 새로운 출발을 위한 미래 준비의 기회를 제공하고 바람직한 선배로서의 위상과 건전한 조직문화 형성에 기여함을 목적으로 운영된다. 내용은 제2의 인생설계와 생애경력대안의 탐색, 그리고 목표분야 준비 계획 등으로 구성된다.

〈표 2-7〉 정년퇴직 예정자 프로그램 사례

날짜	강좌	시간	강의명	내용
	–	0.5	오리엔테이션	• 프로그램 내용 안내 • 교육 중 주의사항
1일 차	1	2	인생 2막 준비도 점검	• 인생 6영역에 대한 점검 • 영역별 과거 조망과 리뷰
	2	3	퇴직 이후의 경력 설계	• 퇴직 후 경력대안의 탐색 • 재취업과 장기 경력설계
2일 차	3	2	이력서 작성노하우	• 이력서 항목별 작성 노하우 • 강점 찾기와 표현하기
	4	2	중년의 건강관리	• 건강관리의 중요성 재인식 • 갱년기 지혜롭게 극복하기
	5	2	4대 연금과 노후 준비	• 인출중심의 연금포트폴리오 • 관련 세제와 사례 분석
3일 차	6	2	퇴직 후 4대보험 처리 절차	• 퇴직 후 4대보험 처리 내용 • 국민연금, 건강보험, 실업급여
	7	3	라이프플래닝 워크숍	• 삶의 6영역에 대한 준비 • 영역별 점검 및 계획세우기
	–	0.5	과정정리	• 과정에 대한 소감 나누기 • 과정평가 및 향후 안내

② 임원 프로그램

임원들의 퇴임 후 경력 경로를 제시하고 준비 없는 퇴직으로 인한 불안감 제거와 재임 기간 중 바람직한 위상 정립에 기여하고자 하는 프로그램이다. 내용은 개인의 변화관리, 재취업 준비, 새로운 조직에서의 직무능력 향상, 생애경력설계, 생애설계로 구성되어 있다. 임원들의 니즈가 다양하여 기본적으로 어떤 내용이 포함되어야 한다는 기존의 관념을 벗어나서 사전 설문이나 대상 분석을 토대로 프로그램 기획이 이루어져야 한다.

통상 임원프로그램은 8일(총 48시간) 운영하고 있는데 여기에서는 기본적인 내용 중심으로 16시간 프로그램을 제시하였다.

〈표 2-8〉 임원프로그램 사례

날짜	강좌	시간	강의명	내용
1일 차	–	0.5	오리엔테이션	• 프로그램 내용 안내 • 교육 중 주의사항
	1	2	인생 2막 준비도 점검	• 인생 6영역에 대한 점검 • 영역별 과거 조망과 리뷰
	2	3	퇴직 이후의 경력 설계	• 퇴직 후 경력대안의 탐색 • 재취업과 장기 경력설계
2일 차	3	2	이력서 작성노하우	• 이력서 항목별 작성 노하우 • 강점 찾기와 표현하기
	4	2	종합 자산관리	• 노후 자산관리 포인트 • 자산 운용의 실제
	5	2	쿠킹 클래스	• 혼밥을 즐기는 상차림 • 가족을 위한 밥상 차리기
3일 차	6	2	선배와의 대화	• 전직의 과정과 준비 • 인생 2막을 위한 계획들
	7	3	라이프플래닝 워크숍	• 삶의 6영역에 대한 준비 • 영역별 점검 및 계획세우기
	–	0.5	과정정리	• 과정에 대한 소감 나누기 • 과정평가 및 향후 안내

③ 특화 과정

앞에 열거한 프로그램 이외에도 퇴직자들의 요구나 노동시장의 변화에 따라 50대의 경력경로로서 가치가 있다고 평가되는 경로에 대해서는 특화과정을 운영하는 것도 바람직하다. 예를 들어, 산학협력중점교수 양성과정이나, 경영지도사 자격취득 과정, 직업상담사 자격취득 과정, 사회적 경제 탐색과정, 면접관 양성과정, 귀농귀촌 과정 등 대상자의 경력과 니즈에 맞게 구성해서 심화 과정으로 운영하는 것이 퇴직자에게 실질적으로 도움이 되는 프로그램일 수 있다.

(6) 재취업지원프로그램 전체 모듈 사례

앞서 소개한 재취업지원서비스 프로그램에 해당되는 전체 모듈은 결국 변화관리, 재취업 준비, 직무능력 개발, 생애경력설계, 생애설계 5개의 모듈로 구성할 수 있다. 변화관리는 개인의 변화관리, 외부 노동시장 정보와 중소기업 현황에 대한 이해를 돕는 내용으로 구성되어 있으며, 재취업 준비는 재취업을 위한 스킬 습득, 직무능력 개발은 중소기업에서의 직무능력을 향상할 수 있는 내용, 제2의 경력설계는 자기이해와 직업 탐색을 통해 퇴직 이후 생애경력을 찾는 내용, 생애설계는 생애 6영역에 대한 목표를 설정하고 실행계획을 세우는 내용으로 구성되어 있다. 이 5개의 모듈 중에서 자사의 퇴직자들에게 맞는 프로그램으로 재구성하는 작업이 필요하다.

〈표 2-9〉 재취업지원프로그램 전체 모듈 사례

모듈	강좌명	학습목표	주요 학습내용
1. 변화관리	1-1. 퇴직 후 변화관리	직업세계와 주변 환경의 변화를 인지하고 적응전략을 수립할 수 있다	• 직업세계의 변화 • 퇴직 후 환경 변회 • 심리적 불안정에 대한 대처 • 재취업의 전망 • 재취업을 위한 준비
	1-2. 중소기업의 이해	중소기업의 현황 이해를 통한 진입전략을 수립할 수 있다	• 중소기업의 현황 • 중소기업의 오너, 조직, 문화 • 중소기업에서의 성과 • 중소기업 재취업을 위한 관점의 전환

모듈	강좌명	학습목표	주요 학습내용
2. 재취업 준비	2-1. 나의 강점 발견하기	직무수행 관련 강점을 도출하고 표현할 수 있다	• 강점의 정의 • 강점 도출 방법 • 성취업적 분석과 활용 • 역량의 도출과 표현
	2-2. 파워이력서 작성	이력서 작성법을 학습하고 이력서를 완성할 수 있다	• 이력서의 목적과 용도 • 취업용 이력서 작성 시 관점 • 이력서 항목별 작성 방법 • 자기소개서 작성법 • 이력서 지원 시 주의사항
	2-3. 성공하는 면접전략	철저한 면접 준비를 통해 실제 면접에 대한 대응을 할 수 있다.	• 면접 자료수집(본인, 회사) • 예상질문 도출과 답변정리 • 면접 시 태도 및 복장 등 주의사항 • 면접 종료 후 활동
	2-4. 면접 시뮬레이션	실제 면접상황에 대한 대응법을 익힐 수 있다	• 면접질문에 대한 답변 준비 • 실제 면접상황 연출을 통한 실습 • 면접자, 피면접자, 관찰자 입장에서 피드백
	2-5. 재취업의 방법	재취업 성공을 위한 여러 방법을 실제 구직활동에 활용할 수 있다	• 오픈잡 사이트와 활용법 • 서치펌 사이트와 헤드헌터 활용법 • 공공 전직지원 기관 활용법 • 구직활동 점검법
	2-6. 네트워킹 전략	구직활동에 네트워킹 방법을 활용할 수 있다	• 네트워킹의 중요성 • 구직활동에서 네트워킹 활용 • 네트워킹을 위한 준비 • 네트워킹의 실행
	2-7. 타깃마케팅	구직활동에 타깃마케팅 방법을 활용할 수 있다.	• 타깃마케팅의 이해 • 타깃마케팅을 위한 준비 • 타깃마케팅의 실행방법 • 타깃마케팅 성공사례

모듈	강좌명	학습목표	주요 학습내용
3. 직무능력 개발	3-1. 중소기업 조직관리 스킬	중소기업에서 조직의 책임자로서 조직관리에 활용할 수 있다	• 중소기업 조직의 특성 • 조직관리의 정의 • 조직관리를 위한 효과적 관리스킬 • 조직관리를 위한 성과향상
	3-2. 중소기업 인사노무 전략	중소기업에서 인사노무 관련 문제 해결방안을 수립할 수 있다	• 중소기업의 인사노무 이슈 • 중소기업의 인사노무 사례 • 중소기업 인사노무 해법
	3-3. 제조프로세스와 혁신	중소기업 제조현장의 문제해결에 활용할 수 있다	• 중소기업 제조현장의 제조프로세스 • 중소기업 제조혁신 과제 • 중소기업 제조혁신을 통한 성과향상
	3-4. 실전 마케팅전략	중소기업 제품 판매전략을 수립할 수 있다	• 마케팅의 원칙 • 마케팅을 위한 상품분석과 시장분석 • 판매율 제고를 위한 마케팅전략 • 실전 마케팅전략 수립
	3-5. 중소기업 핵심성과 지표	중소기업 업무와 관련 성과지표관리와 측정을 할 수 있다	• 각 업무분야별 성과지표 • 성과지표의 이해 및 성과 측정 방법
4. 생애경력 설계	4-1. 일에 대한 정체성 찾기	직업에서 찾고자 하는 가치를 발견할 수 있다	• 직업에서 추구하는 가치 • 나의 직업가치 진단 • 나의 직업가치 확인과 직업 및 직무환경의 선택
	4-2. 자기이해와 직업탐색	성격과 업무스타일의 이해를 통해 적합 직업분야를 탐색할 수 있다	• 나의 성격과 업무스타일 진단 • 업무추진 시 의사소통 방법 • 가족관계에서의 의사소통 • 적합 직업분야의 접목
	4-3. 귀농귀촌 이야기	귀농귀촌을 제2의 인생 대안으로서 검토할 수 있다	• 귀농귀촌의 의미 • 농촌의 현실과 귀농귀촌 • 귀농귀촌의 이점 • 귀농귀촌을 위한 각종 정보
	4-4. 생애경력설계	제2의 인생을 위한 대안을 검토하고 준비할 수 있다	• 대안탐색을 위한 각종 정보 • 대안 검토 시 고려할 사항 • 제2의 인생을 위한 경력목표 설정

모듈	강좌명	학습목표	주요 학습내용
5. 생애설계	5-1. 재무디자인	노후를 위한 4층 연금을 점검하고 준비할 수 있다	• 연금의 중요성 • 4층연금을 기반으로 한 노후설계 • 노후 기본 생활비 계산 및 연금액의 산정
	5-2. 부동산 투자전략	부동산 임대업을 통한 노후수입 창출을 계획할 수 있다	• 부동산의 종류 • 임대업을 위한 적합 부동산 점검 • 부동산 구입 시 입지와 법률 등 주의점
	5-3. 중년의 건강관리	중년 건강의 중요성 재인식을 통해 건강관리 계획을 세울 수 있다	• 중년의 질병 • 생활습관병의 발병 예방 • 건강관련 유의해야 할 사항 • 건강검진의 중요성
	5-4. 라이프 플래닝 워크숍	퇴직 이후 삶에 대한 생애영역별 계획을 세울 수 있다	• 과거 삶에 대한 조망과 아쉬운 점 찾기 • 생애영역별 이슈요소 찾기 • 생애설계를 위한 자료수집 • 생애 각 영역별 목표 설정 • 단기, 중기 실행계획 세우기

출처: 김석란 (2016). 기업 전직지원프로그램의 효과분석에 관한 연구. 숙명여자대학교 대학원 박사학위 논문, pp. 54-56.

3) 강사 섭외

In-house 센터를 운영할 때 프로그램을 기획하고 운영하는 것은 어쩌면 쉬울 수 있다. 하지만 프로그램에 투입할 적합한 강사를 섭외하는 것은 어려운 과제이다. 왜냐하면, 강의를 직접 들어보기 전에는 어떤 내용의 강의인지 강의역량이 어느 정도의 수준인지 알 수 없기 때문이다. 또한, 재취업지원서비스 프로그램은 기업에서 기존에 운영되어 온 직무교육이나 리더십 교육과는 그 내용이 다르다. 산업교육 강사들이 재취업 관련 콘텐츠를 학습해서 나름의 내용을 구성한 것과 체계적으로 전직지원 컨설팅회사에서 전직지원 관련 콘텐츠를 학습하고 컨설팅을 100시간 이상 경험한 전문컨설턴트와는 다루는 내용과 경험의 깊이가 다르다. 좀 더 퇴직자의 니즈에 부합하고 경험이 스며들어 있는 강의를 도입하고자 한다면 강사를 섭외할 때 전직지원 전문가인지를 검토하는 것이 바람직하다.

4) 교육생 모집과 운영

재취업지원서비스가 의무화되었으므로 교육생 모집을 고민할 필요는 없을 수 있다. 그러나 대부분의 기업에서 퇴사하는 인력의 규모가 일정치 않기 때문에 퇴직자의 규모가 작고 예측이 불가능할 경우에는 아웃소싱이 바람직하다. 하지만 재직 인력의 규모가 크고 퇴직자가 일정 규모 이상 발생하는 대기업의 경우는 In-house 모델로 진행하는 것이 적절하다. In-house 모델의 센터를 운영할 경우 퇴직자 면담을 진행하는 프로세스와 연계하여 재취업지원서비스 프로세스를 구축하는 절차가 필요하다.

예를 들면 인사팀에서 퇴직자 면담을 진행할 때 재취업지원서비스 3개 항목(진로설계, 재취업/창업교육, 취업알선) 중 어떤 서비스를 선택할 것인지, 아니면 재취업 의사가 없거나 다른 사유로 서비스를 받지 않겠다는 의사를 재취업지원서비스 동의서에 표시할 수 있도록 하는 절차를 추가할 수 있다. 이와 같이, 서비스 신청서가 모이면 1주 또는 1개월 단위로 재취업지원서비스 담당 부서로 명단을 전달해 주는 방식이 가장 간단한 프로세스일 수 있다. 이렇게 전달된 명단을 토대로 교육 당사자들에게 서비스를 안내하고 실제 참여할 수 있도록 가이드한다.

교육운영은 교육부서의 원칙과 노하우가 있으므로 그에 준하여 운영한다. 한 가지 재취업지원 교육을 운영할 때 유의해야 할 사항은 여타 교육과는 다르게 이 교육은 퇴직예정자나 퇴직자를 대상으로 한다. 그렇다면 당연히 퇴직을 앞두었거나 퇴직한 후의 심리상태를 고려할 필요가 있다. 문헌이나 관련 기사를 검색해 보면 퇴직자의 심리상태는 불안, 초조, 분노, 심리적 아노미 상태 등의 단어들로 설명되곤 한다. 그러므로 이를 고려하여 교육운영자는 단순히 교육운영자가 아닌 재취업지원서비스를 수행하는 컨설턴트로서 퇴직자가 안정적인 환경에서 교육을 잘 받을 수 있도록 배려하는 좀 더 섬세한 교육운영이 이루어져야 한다. 이러한 이유로 컨설턴트 양성교육 시 고객의 특성과 니즈에 대한 강좌를 중요하게 다루고 있다.

5) 교육평가

교육평가는 여타 교육프로그램 평가와 유사하다. 각 강좌가 끝날 때마다 강좌에 대한 만족도 조사를 실시하고 전체 프로그램 종료 시 종료 설문을 실시한다. 평가의 목적은 프로그램 개선을 위한 정량적 자료를 얻고자 하는 것이며, 전체 프로그램에 대한 설문 결과를 토대로 프로그램에 대한 보고서를 작성한다.

[그림 2-13] 강의 평가 사례

오늘 강좌를 마치며

문항	내용	매우 그렇다	그런 편이다	보통	그렇지 않다	전혀 그렇지 않다
1	[사업환경과 수익성 분석] 강의 내용에 만족하십니까?					
	[사업환경과 수익성 분석] 강사의 강의 준비 및 태도(열정, 고객 care)에 만족하십니까?					
	[사업환경과 수익성 분석] 강의는 50대의 창업준비에 활용도가 높다고 생각하십니까?					
2	[지식서비스업의 이해] 강의 내용에 만족하십니까?					
	[지식서비스업의 이해] 강사의 강의 준비 및 태도(열정, 고객 care)에 만족하십니까?					
	[지식서비스업의 이해] 강의는 50대의 창업준비에 활용도가 높다고 생각하십니까?					

상황에 따라서는 사전 설문과 사후 설문을 실시하기도 한다. 사전 설문의 항목으로는 정보보유, 계획과 준비 여부, 프로그램에 대한 기대, 미래에 대한 불안감, 미래에 대해 준비하고 있는 내용과 준비 시 어려움 등에 대해 질문하고 프

로그램 종료 시에 이들 항목에 대해 어느 정도 변화되었는지 다시 묻는 방식으로 진행한다.

[그림 2-14] 프로그램 사전 설문 사례

<u>전직실행프로그램 사전 설문</u>

답해 주신 설문 결과는 프로그램에 반영하여 보다 나은 프로그램을 준비하는 데 활용하도록 하겠습니다. 설문에 참여해 주셔서 감사합니다.

각 문항에 대하여 생각하신 정보를 "v"표 하여 주시기 바랍니다.

1. '재취업'과 관련된 정보를 충분히 가지고 있다.				
매우 그렇다	그렇다	보통	그렇지 않다	매우 그렇지 않다
2. '재취업'과 관련하여 구체적인 계획과 준비를 하고 있다.				
매우 그렇다	그렇다	보통	그렇지 않다	매우 그렇지 않다
3. '전직실행프로그램'이 '재취업' 준비에 많은 도움이 될 것이다.				
매우 그렇다	그렇다	보통	그렇지 않다	매우 그렇지 않다
4. '재취업'에 대한 막연한 두려움이 있다.				
매우 그렇다	그렇다	보통	그렇지 않다	매우 그렇지 않다
5. 그동안 재취업 준비를 하셨다면 준비하신 내용은 무엇입니까?				

프로그램 종료 설문은 앞서 사전 설문으로 조사했던 항목에 대해 어떤 변화가 있었는지에 대한 내용과 프로그램 전체에 대한 만족도, 교육기간, 교육환경, 교육내용 편성 등에 대해 기본적으로 묻고 프로그램 기획자로서 궁금한 내용을 조사한다.

2. 취업알선 및 재취업 연계

취업알선과 재취업 연계가 재취업지원서비스에서는 가장 어려운 영역이라고 할 수 있다. 대부분의 전직지원 컨설팅회사들이 교육 콘텐츠를 잘 갖추고 있다. 또한, 취업알선과 관련된 노하우까지 보유하고 있을지라도 유명무실한 경우가 상당히 많다. 제안서에 제시된 취업알선 프로세스가 형식적인 절차가 아닌지 검토할 필요가 있다.

1) 취업알선 프로세스

취업알선 프로세스가 작동되기 위해서는 지속적인 시도와 실패 경험, 프로세스의 점검, 사례의 축적 등이 요구된다. 단순히 외부에서 활동하는 헤드헌터에게 인재정보를 제공한다고 해서 재취업이 가능한 것은 아니기 때문이다. 즉, 시행착오를 거치는 과정이 필수적이라는 얘기다. 취업알선 프로세스 사례를 보면 프로세스를 운영하는 주체는 컨설턴트와 JIT이다. 컨설턴트는 재취업지원서비스 또는 전직지원서비스를 실행하는 전문가를 의미하고, JIT(Job Information Team)는 전직지원 컨설팅회사에서 구인수요 발굴 및 정보 발굴, 제공 등의 직무를 수행하는 팀을 지칭한다. 컨설팅회사별로 이러한 역할을 담당하는 팀의 명칭은 상이하다.

서비스를 신청한 고객(퇴직자)들의 이력서가 완성되면 컨설턴트가 이력서를 접수하여 개인별 스펙을 정의하고 타깃 분야를 정하게 된다. 이 과정에서 이력서를 토대로 상담을 병행하는 것이 바람직하다. 다음으로 잡서칭을 위해 타깃 포지션을 정의하고 매칭을 진행하게 되는데 이 과정은 컨설턴트와 JIT가 협력하여 진행하게 된다. 매칭을 위해서 가장 많이 활용하는 방법이 취업사이트에 게

시된 일자리(오픈 잡)를 검색하는 작업이고, 그 다음으로 비공식적인 일자리(히든 잡)를 찾아내는 것인데 히든 잡을 잘 발굴해 내는 것이 중장년의 취업에 있어서 가장 중요한 포인트이다.

[그림 2-15] 취업알선 프로세스 사례

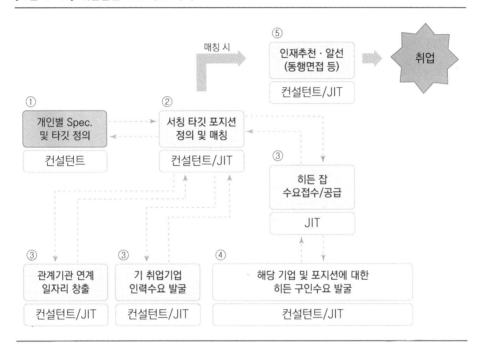

히든 잡을 발굴하는 방법들 중 대표적인 방법으로는 관계기관과 연계하여 일 자리를 창출하는 방법이 있다. 예를 들어, 서울시 50+재단의 인턴십이나 중소 기업청의 컨설팅 프로젝트, 대학이나 지자체의 양성과정 수료 후 일자리 연계 등 사례를 찾아볼 수 있다. 또한, KOICA(국제협력단)에서 운영하는 해외봉사형 일자리인 월드프렌즈 NIPA 자문단도 대표적인 사례 중 하나이다.

2) 취업알선 대상기업 발굴과 협력관계 유지

히든 잡을 발굴하는 또 하나의 방법은 기업의 인력수요를 직접 발굴하는 것이다. 이 부분이 가장 어렵고 지속적인 노력이 필요하다. 시장에서는 실제로 이 역할을 헤드헌터들이 수행하고 있다. 전직지원 컨설팅회사들 중에서 잡매니저라는 타이틀로 한때 도입했었지만 성공 사례는 드물다. 그러나 기업 포지션은 히든 잡의 비중이 높기 때문에 포기할 수 없는 영역이다. 특정 컨설팅회사의 경우, 잡매칭 담당자들이 이 작업을 진행해 왔고 현재도 다수의 고객(기업) 리스트를 보유하고 있다.

우선 퇴직자들의 스펙이 정의되면 재취업시장에서 매칭이 가능한 직무분야를 정하고, 그 직무분야와 관련된 접촉 가능한 기업들에게 센터가 보유한 인력풀을 소개한다. 이를 잡 마케팅이라고 명명하는데 마케팅의 결과로 기업의 채용니즈가 센터에 접수되면, 적합한 인력을 추천하는 프로세스가 진행된다. 실제 프로세스가 작동될 수 있는 원동력은 바로 발로 뛰는 잡 마케팅이 있었기에 가능한 것이다.

그러나 기업을 발굴하고 채용 요청에 인력을 추천하는 과정만 중요한 것은 아니다. 더 중요한 것은 매칭이 된 기업의 인사담당자나 임원들과 지속적인 커뮤니케이션을 통해 취업한 인력이 기업문화와 직무에 잘 적응할 수 있도록 사후관리를 하는 것이다.

3) 구직자 관리

퇴직한 인력들을 적합한 포지션에 추천하기 위해서는 인력풀 관리가 효과적으로 이루어져야 한다. 이는 엑셀을 활용해서 잘 정리한다는 수준을 의미하지 않는다. 컨설팅회사의 경우는 자체 시스템을 활용하고 있다. 하지만 시스템을 구축하는 것은 비용의 문제가 뒤따라야 하니 간편하게 엑셀을 활용하여 관리하되, 명단을 관리하라는 의미가 아니고 상담을 통해 구직활동 과정을 관리해야한다.

직무에 따라 보통 구직활동 기간이 6개월-1년까지 소요되므로 퇴직자의 구직활동을 점검하는 주기를 3개월로 하든 1개월로 하든 정기적으로 상담을 진행하는 것이 좋겠다. 이때 상담은 꼭 대면상담이 아니어도 되고 전화상담이나 이메일로도 가능하다.

[그림 2-16] 구직활동 점검을 위한 체크리스트 사례

구직활동 체크리스트(3개월 시점용)

[고객명:]

우선순위	점검사항	실행여부
1	정기적으로 담당자와 커뮤니케이션을 하고 있다	
2	이력서 작성을 완료했다	
3	담당자와 3개월 동안 최소 3회 대면 상담을 진행했다	
4	오픈잡 서치(일주일에 3, 4회)와 이력서 지원을 실행하고 있다	
5	네트워킹 활동 계획 후 실행에 옮기고 있다	
6	타깃마케팅 리스트 작성 후 실행하고 있다	
7	헤드헌터들과도 재취업을 적극적으로 진행하고 있다.	
8	직업능력개발 참여 등 자기개발을 하고 있다	

※ ○(적극 실행) △(실행 저조) ×(실행 안함), △ 2개는 × 1개로 취급

출처: A사 전직지원서비스 매뉴얼 (2015).

3. 상담

재취업지원서비스 운영 매뉴얼에 "재취업지원서비스는 생애설계를 기반으로 제공되는 것이 바람직하며 진단(소질, 적성 등) 및 상담·컨설팅을 기반으로 하여 ① 진로설계 ② 취업알선 ③ 재취업·창업지원 교육으로 구성된다"고 기술되어 있다. 이 내용을 되짚어 본 이유는 상담과 컨설팅에 대해 언급하기 위해서이다. 그러나 재취업지원서비스에서는 상담, 컨설팅 외에 코칭의 기법도 활용한다.

Glasser의 선택이론에 전 행동(total behavior)에 대한 설명이 있다. 인간의 전체 행동체계를 자동차에 비유하여 설명하고 있는데 전 행동은 인지, 행동, 정서, 생리반응의 네 가지 요소로 구성되어 있으며, 인지와 행동은 자동차의 앞바퀴에

해당되며 정서와 생리반응은 뒷바퀴에 해당한다. 인지와 행동은 선택을 통해 통제가 가능하지만, 정서와 생리반응은 인지와 행동을 통해 간접적으로 통제할 수 있다고 주장한다.

이론을 재취업지원서비스 상담에 적용하면, 관련 사실을 파악하고 문제 인식을 통해 전략을 수립하고 문제해결을 도모하는 등의 컨설팅 기법은 인지영역에 속한다. 그리고 퇴직자들의 경우 심리적 아노미 상태에 놓여 있을 수 있으므로 심리적 안정을 도모하고 동기부여 등을 통한 정서적 지원을 제공하는 상담 기법도 활용한다. 재취업을 위한 활동을 지원하고 직업능력을 개발하는 등의 역할은 코칭이 담당한다.

[그림 2-17] 전 행동의 구성요소

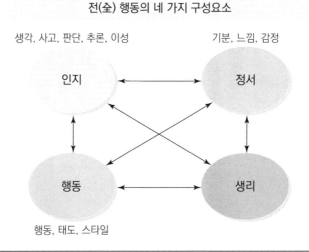

출처: Robert E. Wubbolding (2014). 현실치료의 적용(김인자 역). 서울: 한국심리상담연구소. 내용을 재구성함.

이처럼 재취업지원서비스에서는 상담, 컨설팅, 코칭의 기법을 혼용하고 있다. 그만큼 퇴직자의 니즈도 다양하고 인지, 행동, 정서영역을 고루 다루어야 하는 분야라고 이해하면 될 것 같다. 이론에 따르면 인지와 행동을 통해 정서를 간접적으로 통제할 수 있다고 했는데, 실제로 현장에서 교육과 컨설팅을 지속적으로 진행하게 되면 퇴직자들의 불안이나 우울감 등이 자연스럽게 제거되는 사례를 경험하게 된다.

[그림 2-18] 재취업지원 상담의 요소

인지 영역	사실 파악, 문제 인식을 통해 전략수립 & 문제해결 consulting: solving problem
감정 영역	심리적 안정, 동기부여(Motivation) 등을 통한 정서적 지원 counseling: emotional support
행동 영역	행동특성, 역량 등을 수정/개발 coaching: development

　재취업지원서비스에서 상담, 컨설팅, 코칭의 기법을 혼용하는 것이 핵심이다. 그러나 어떤 프로세스에서 컨설팅 기법을 사용하고, 어느 시점에서 상담 기법을 사용하느냐의 문제가 남아 있다. 상담 1회차를 진행할 때 이들 기법을 수시로 혼용할 수 있다. 퇴직자가 어떤 내용을 어떤 심리 상태에서 표출하는지에 따라 컨설턴트의 대응이 달라져야 한다. 학문적으로만 커리어 상담을 접했다면 현장에서 당황스러운 상황들을 경험할 수 있다. 이러한 이유 때문에 교육훈련을 잘 받은 컨설턴트를 채용하는 것이 중요하며, 아웃소싱을 하더라도 경험이 풍부한 컨설턴트가 배치되느냐 아니냐에 따라 전체 프로젝트에 미치는 영향이 크다.

1) 초기상담

　초기상담은 퇴직자와 컨설턴트가 처음 대면하는 첫 번째 상담을 의미한다. 첫 번째 만남이 향후 진행되는 상담에 미치는 영향이 크므로 중요하게 다뤄져야 한다. 그래서 상담 전에 많은 준비가 필요하다.

초기상담 질문지 사례

1. 마지막으로 근무하신 부서는 어디입니까?
2. ( )에 언제부터 근무를 하셨나요? ____년부터 (근속연수 ____년)
3. ( )에 입사하신 이후 근무부서, 시기, 담당하셨던 업무는 무엇입니까?
4. ( ) 입사 전 근무하셨던 근무경력이 있으면 회사, 시기, 담당하셨던 업무, 전직 사유를 말씀해 주십시오.
5. 재취업지원서비스를 선택하신 이유와 어떠한 기대치를 가지고 계십니까?
6. 앞으로 컨설팅을 진행하게 되는데, 컨설팅 진행과 관련해서 건강이나, 가족이나 개인적인 애로사항이 무엇입니까?
7. 현재의 연봉수준은 얼마입니까?
8. 재취업을 하게 되면 어떤 기업에서 어떤 업무로 재취업하고 싶으십니까?
9. 특별히 선호하거나, 회피하는 기업이 있으신가요? 있다면 어떤 특성을 가진 기업입니까?
10. 희망하는 직급은 무엇이고, 희망연봉은 얼마이십니까?
11. 재취업을 희망하는 분야와 조건(지역, 연봉, 선호기업, 회피기업)에 대하여 설명해 주십시오.
12. 현재 하고 계신 업무 또는 가장 최근에 하신 업무에 대한 본인의 숙련도, 업무처리 능력에 대하여 강점을 제시를 한다면 어떤 것이 있는지 간략히 설명해 주십시오.
13. ( )에 근무하시면서 회사 또는 상사에게서 주요한 업적으로 인정받았거나, 회사에 기여를 했다고 생각되는 부분에 대하여 설명해 주십시오.
14. 현재 가지고 계신 자격증과 어학능력, 컴퓨터 사용능력에 대해 설명해 주십시오.
15. 직장생활을 하면서 가장 보람 있었다고 생각되는 경험 또는 사례에 대하여 설명해 주십시오.
16. 해당 희망 분야에 재취업을 하실 경우, 다른 지원자들보다 이러한 면에서 더 그 일을 잘 할 수 있을 것으로 생각되는 이유를 지식적인 측면, 기술적인 측면, 능력적인 측면, 경험적인 측면에서 설명해 주십시오.
17. 해당 취업분야와 관련하여 과거 업무경험에 비추어 볼 때 업무적으로 가장 흥미를 느끼고, 재미를 느꼈던 일은 어떤 것이 있습니까? 또한 가장 하고 싶지 않은 일은 어떤 것이 있습니까?
18. 만약 직업을 바꾸어서 취업을 한다면 어떤 일을 하고 싶습니까? 그리고 이유는 무엇입니까?
19. 재취업을 하는 데 자신의 강점과 기회가 될 만하다고 생각되는 부분이 있다면 무엇입니까?
20. 현재 작성된 이력서를 가지고 계신가요?

재취업희망서 사례

재 취 업 희 망 서

	희망사항	비고
업종		
직무		
직급		
연봉		
근무지		
취업 시 고려 순위 ( )안에 숫자로 표기	기업규모 ( ) 성장성 ( ) 안정성 ( ) 출퇴근거리 ( ) 기업문화 ( ) 급여/복리후생 ( ) 담당업무 ( ) 장래성 ( ) 기타 ( )	

　　위의 초기상담 질문지 사례는 기본 질문 항목이다. 어떤 기업의 퇴직자들인지, 연령대가 어느 정도인지, 직무가 무엇인지에 따라 질문은 보완해서 사용하는 것이 바람직하다. 이와 같은 질문지를 개발하여 상담을 하는 경우, 처음 대면하는 상황이므로 '재취업희망서'나 '재취업지원신청서'를 받으면서 신청서 항목들에 대한 질문을 하는 것이 자연스럽다. 초기상담 시 주의할 점은 질문지나 신청서의 항목들에 답을 모두 채우려 하거나, 임무를 완수하겠다는 일념으로 전체 질문에 답변을 모두 얻겠다는 생각을 해서는 안 된다. 질문을 통해 대화를 해 나가면서 고객이 어떤 질문에 어떤 반응을 보이는지, 상담자를 어떤 태도로 대하는지, 얼굴 표정이나 손의 움직임 등을 관찰한다. 그리고 질문을 부담스러워하거나 불안한 자세나 태도를 보이면 질문을 멈추고 자연스러운 대화를 유도한다. 나머지 질문은 향후 상담이 거듭되면서 상담자와 고객 간에 라포가 형성되면 그때 해도 늦지 않다.

재취업지원서비스신청서 사례

재취업지원서비스 신청서

본 양식은 컨설팅서비스를 제공하기 위해 필요한 것이므로 모든 사항을 비교적 구체적으로 기재해 주시기 바랍니다.

성명			생년월일	
주소				
연락처	휴대폰		자택	
개인 e-mail				
학력	고등학교		대학교	(학과:　)
	석사	(전공:　)	박사	(전공:　)

가족사항	배우자: 전업주부_____, 직장생활 _____ 자녀 1: 직장생활 _____, 대__학년, 고등__학년, 중등__학년, 초등__학년 자녀 2: 직장생활 _____, 대__학년, 고등__학년, 중등__학년, 초등__학년 자녀 3: 직장생활 _____, 대__학년, 고등__학년, 중등__학년, 초등__학년

회사명	최근부서	직급	입사일	퇴사(예정)일

주요직무				
1. 2. 3.				

외국어 및 자격증		신청경로	본인직접신청, 사업부서, 지인소개, 기타
퇴직사유	희망퇴직, 정년퇴직, 개인사유, 기타_____		

나의 현재 상황	
재무상태	자가 주택_____, 전세_____, 월세_____
건강상태	아주 양호_____, 양호_____, 관리 필요_____, 질병_____
현재 상황	미래에 대한 불확실성, 새로운 환경에 대한 두려움, 취업가능성 낮음, 아무런 준비가 되어 있지 않음, 주위의 시선, 자존감 하락, 기타_____

나의 미래 준비 상황(60세 이후)	
미래에 대한 고민 분야	재무_____, 직업_____, 부부관계_____, 자녀_____, 주거지역 _____, 건강_____, 여가생활_____, 기타_____
노후자금	충분_____, 양호_____, 부족_____, 많이 부족_____
현역희망나이	60세까지_____, 60세 전후_____, 70세까지_____, 할 수 있을 때까지_____,

출처: A사 전직지원서비스 매뉴얼 (2015).

2) 상담의 운영

상담은 예약제로 운영하는 것이 좋다. 그리고 상담 1회차는 1시간을 넘지 않는 것을 원칙으로 하고 있다. 이론상으로는 1시간~1시간 30분을 권장하기도 하지만 컨설팅을 기반으로 하는 재취업지원의 경우 1시간 정도가 적당하다.

상담 기록지 사례

일자		시간	~	고객명	
구분	☐ 초기상담 ☐ 이력서 작성 ☐ 구직활동 계획 ☐ 면접 코칭 ☐ 구직활동 점검				
주제					

_____
_____
_____
_____
_____
_____
_____
_____
_____
_____
_____
_____
_____

고객과제   ☐   due:
              ☐   due:
컨설턴트과제   ☐   due:
              ☐   due:

작성일: _____   작성자: _____(서명)

출처: A사 전직지원서비스 매뉴얼 (2015).

상담을 진행할 때 퇴직자와 대화 내용을 컴퓨터에 기록하는 것은 바람직하지 않으며, 간단하게 키워드 중심으로 상담기록지에 메모해서 상담이 종료된 후에 상담일지를 작성하는 것이 바람직하다. 이는 퇴직자들이 퇴직하는 과정에서 회사와의 신뢰관계에 손상이 생겼을 가능성이 높기 때문에 대화를 기록하는 것에 대한 거부감이 있을 수 있다. 상담 1회차는 니즈 탐색, 행동탐색, 계획과 실행의 3단계로 진행하는 것이 좋다. 하지만 꼭 이렇게 진행해야 한다는 원칙을 정하기보다 퇴직자와의 대화 내용에 따라 유연하게 진행해도 좋다. 또, 상담의 기법 중 경청, 부연, 공감, 조언과 지시 등의 기법, 상담 환경을 가꾸는 방법, 상담관계에서 피해야 할 사항 등을 미리 학습하는 것이 좋다.

4. 진단

퇴직자가 동일 직무에 재취업을 하는 경우, 반드시 진단을 해야 하는 것은 아니다. 그러나 재취업지원서비스는 50세 이상의 퇴직자들을 대상으로 하기 때문에 장기적으로는 직업 전환을 경험하는 사례들이 대부분이므로 진단을 진행하고, 그 결과를 토대로 새로운 직업군이나 여가와 연계된 일이나 활동 등을 선택하는 기준으로 활용하는 것이 바람직하다. 진단은 기본적으로 심리학을 전공한 컨설턴트가 주도하는 것으로 원칙을 정하는 것이 좋다. 왜냐하면 진단지를 다룰 수 있는 자격이 있는 자는 누구든 진단지를 사용할 수 있지만 고객들은 심리학 전공자를 신뢰하는 경향이 높기 때문이다.

직업과 관련해서 50대에게 유용한 진단은 성격, 흥미, 전용성 소질, 직업가치 등이다. 50대의 특성을 잘 설명하고, 그들의 내면을 깊이 있게 들여다볼 수 있는 진단을 선택하는 것이 제1원칙이라고 할 수 있다. 그러나 최근 유행하는 진단이니까, 여러 사람이 그 진단을 선호해서, 또는 컨설턴트 자신이 잘 해석할 수 있는 진단이라서 선택하는 것은 잘못된 방법이다. 진단의 선택은 퇴직자에게 초점이 맞춰져야 하며 그들이 스스로를 잘 이해할 수 있는 진단이 무엇일까를 고민해서 선택하는 것이 좋다.

본인이 소속된 센터에서는 커리어앵커, 교류분석, 전용성 소질을 사용하고 있다. 세 가지 진단을 기본으로 하고 상황에 따라 워크넷의 직업선호도검사를 활용하기도 한다. 그러나 각각의 진단을 실행하고 그 결과 프로파일을 해석하는 것이 전부가 아니고 개별 진단들의 결과를 통합적으로 해석할 수 있어야 한다. 이는 오랜 경험을 통해서 진단과 프로파일 해석능력을 갖춘 컨설턴트라야 가능할 것이다. 다음에는 현장에서 많이 사용하고 있는 진단을 소개하였다.

1) 성격검사[23)]

성격이란 어떤 사람을 독특한 개인으로 존재하게 하는 신체적 · 정신적 · 정서적 · 사회적 특성을 모두 포함하는 총체적 개념이다. 인간은 단 한 사람도 같은 사람은 없지만, 한 개인에게 초점을 맞추어 보면 그 사람의 행동 방식에는 일관성이 있고 안정된 경향이 확인된다. 이처럼 개인에게 특유한 행동 방식을 규정하고 있는 힘을 '성격'이라고 부른다. 이러한 성격을 표준화 또는 비표준화된 척도 및 방법 등으로 파악하는 것이 성격검사다.

(1) MBTI

MBTI(Myers-Briggs Type Indicator)는 Myers와 Briggs가 스위스의 정신분석학자인 Carl Jung의 심리 유형론을 토대로 개발한 자기 보고식 성격 유형 검사이다. MBTI는 태도와 인식, 판단 기능에서 각 개인이 선호하는 방식의 차이를 나타내는 4가지 선호 지표로 구성되어 있다. 이 4가지 선호지표는 정신적 에너지의 방향성을 나타내는 외향-내향(E-I) 지표, 인식의 기능을 나타내는 감각-직관(S-N) 지표, 합리적으로 판단하고 결정하는 사고-감정(T-F) 지표, 인식 기능과 판단 기능이 드러난 생활양식을 보여주는 판단-인식(J-P) 지표이다. MBTI는 4가지 선호 지표가 조합된 16가지 성격 유형을 설명하여 성격 특성과 행동의 관계를 이해하도록 돕는다.

(2) 교류분석

교류분석(Transactional Analysis)은 인간관계의 모든 장면에 적용할 수 있는 상담이론으로, 정신과 의사 Eric Berne이 개발하였다. 교류분석은 인간행동에 관한 분석체계 또는 이론체계로서 인간, 삶, 그리고 변화의 본질에 대한 철학적 가정에 기반을 두고 있다. 교류분석은 사람들이 심리학적으로 어떻게 구조화되어 있는지

---

23) 이 내용은 김춘경 외 (2016). 상담학 사전, 노안영 · 상영신(2011). 성격심리학을 참고하여 작성하였음.

를 우리에게 그림으로 설명해 주는데, 이를 위해 세 가지의 자아상태 모델을 이용한다. 이 모델은 행위의 측면에서 사람들이 자신의 성격을 어떻게 표현하는지를 이해하는 데 도움을 준다. 실제로 커리어 상담 현장에서는 에고그램 결과를 기반으로 성향, 적합 직무, 업무 스타일, 커뮤니케이션 스타일 등을 참고하고 있다.

(3) 에니어그램

에니어그램은 사람들이 느끼고 생각하고 행동하는 유형을 9가지로 분류하고 있으며 이 중 하나의 유형을 타고난다고 설명한다. '에니어그램(Enneagram)'은 그리스어 'ennea(아홉)'와 'gram(모델)'의 조합으로 이루어져 있다. 기원전 2500년경부터 중동아시아에서 유래한 고대의 지혜로 알려져 있다. 9가지 유형은 각각 독특한 사고방식, 감정, 행동을 표현하며, 서로 다른 발달행로와 연결된다.

2) 흥미검사[24]

다양한 활동에 대한 선호 경향이나 흥미, 동기를 기록하는 검사 또는 질문지다. 대표적으로 학습흥미와 직업흥미로 나누어지는데, 흥미검사는 진로상담과 경력개발의 도구로 사용된다.

(1) 홀랜드 직업흥미검사

1959년에 미국의 심리학자 Holland가 개발한 검사로, 진로 결정을 위한 직업탐색에 활용되고 있다. 160개의 직업명을 제시하고 그에 대한 흥미나 관심의 유무에 응답하도록 한다. 결과는 현실적 · 연구적 · 사회적 · 관습적 · 기업적 · 예술적인 6종류의 흥미 영역에 대한 개인의 특성을 측정한다.

(2) 스트롱 흥미검사

스트롱 흥미검사는 개인의 진로 및 직업 탐색에 유용한 정보를 제공한다. 일반직업테마(General Occupational Themes, GOT), 기본흥미척도(Basic Interest Scales, BIS), 개인특성척도(Personal Style Scales, PSS)의 세 부분으로 구분되는 광범위한 흥미의 문항을 제시하고, 각 개인이 어떤 활동에 가치를 두는지, 어떤 직

---

24) 이 내용은 한국기업교육학회 (2010). HRD용어사전을 참고하여 작성하였음.

업이 적합한지, 어떤 환경이 적합한지, 어떤 사람들과 일하는 것을 좋아하는지 등에 관계되는 척도별 점수(GOT, BIS, PSS)를 파악한다. 미국의 직업심리학자인 Strong에 의해 개발되어 지속적으로 개정되면서 직업세계의 특징과 개인의 흥미 간의 관계에 대한 유의한 정보를 제공해 주는 검사법이다.

3) 직업가치관검사[25]

개인의 가치에 적합한 직업영역을 파악하기 위해 개발된 검사로 직업 결정과 직업 만족도를 제고할 수 있는 직업가치수준을 측정한다.

(1) 워크넷 직업가치관검사

워크넷(www.work.go.kr)에서 이용할 수 있다. 검사결과에서 제시되는 직업정 보는 한국고용정보원에서 제공하는 직업정보와 연결되어 있기 때문에 검사를 실시한 다음 상세한 직업정보를 탐색할 수 있다. 13개의 하위척도는 성취, 봉사, 개별 활동, 직업 안정, 변화 지향, 몸과 마음의 여유, 영향력 발휘, 지식 추구, 애 국, 자율, 금전적 보상, 인정, 실내활동이다.

(2) 커리어앵커(경력 닻)

경력 닻은 미국의 조직심리학자인 Schein이 제시한 개념으로서 전 생애에서 일과 관련된 과정에서 흔들리지 않고 중심을 잡아주는 내부의 진로 역량을 의미 한다. 거친 바다에서 꿈을 찾아 항해하는 드림 보트에서 배의 중심을 잡아주는 닻과 같이 나만의 중심축을 앵커라고 한다.

4) 전용성 소질

전용성 소질은 경력을 전환할 때 이전의 경력을 통하여 익혀진 능력 중에서 다른 경력으로 전환될 때 사용될 수 있는 능력을 의미한다. 개인이 보유하고 있 는 기술이나 능력은 네 가지 영역에 속하는데 이 네 가지 영역은 P(Person), T(Thing), I(Idea), D(Data)이다.

---

25) 이 내용은 김춘경 외 (2016). 상담학 사전, 노안영 · 강영신 (2011). 성격심리학을 참고하여 작성하였음.

FAQ

1. 재취업지원서비스 중 교육프로그램을 자체적으로 운영하려면 커리큘럼을 어떻게 구성해야 합니까?

운영매뉴얼에도 대략적인 커리큘럼이 나와 있고 이 책에서 제시한 커리큘럼도 참고하되 서비스를 운영하기 이전에 벤치마킹을 통해 정보를 수집하고 대상자들에게 사전에 니즈조사를 진행하는 것도 도움이 될 것이다. 하지만 완벽하게 만족스러운 커리큘럼이 만들어지기는 쉽지 않으며, 회차를 거듭해 가면서 보완해 나가는 것이 합리적일 것 같다.

2. 교육프로그램을 운영하려면 강사 섭외가 가장 어려울 것 같은데 어떤 기준으로 선정해야 합니까?

벤치마킹을 통해서 그리고 공공의 재취업지원센터를 통해 추천받는 것도 중요하다. 하지만 가장 중요한 기준은 전직지원컨설팅 경험이 어느 정도이고 실제 기업 대상 전직지원 컨설팅 경험이 얼마나 되는지를 검토해서 레퍼런스를 체크해 보는 것이 좋겠고, 시행착오를 겪으면서 우수 강사를 발굴해 나가는 것도 중요한 과업 중 하나이다.

3. 취업알선은 알선 정보를 2회 제공해야 하는데 이 정보를 어떻게 발굴합니까?

가장 손쉬운 방법은 잡포털에서 정보를 검색해서 해당 기업과 접촉해 보고 잡 정보의 가치를 가늠해 본 후에 퇴직자에게 제공을 하는 것이 좋다. 이외에 헤드헌터들과 네트워크를 구축해서 적합한 구인정보를 수집하는 방법과 직접 퇴직자들의 직무와 연관이 깊은 기업들을 발굴하고 마케팅을 통해 고객화하는 방법이 있다. 당연히 이 중에서 한 가지 방법만 활용할 것이 아니라 이러한 방법을 모두 다 활용하는 것이 구인정보의 양과 질을 제고할 수 있는 방법이다.

4. 취업알선을 위해 기업 대상으로 마케팅을 하려면 어떤 준비가 필요합니까?

우선 자사 퇴직자들의 인력풀을 정리하는 것이 필요하다. 그리고 센터가 어떤 일을 하는지 알리기 위해 마케팅을 위한 팸플릿을 제작하고, 이러한 역할을 할 담당자를 훈련시키는 작업도 병행해야 한다. 그리고 기업을 접촉하기 위한 프로세스를 정리해 보고 실제로 기업의 인사담당자와 지속적으로 접촉하며 네트워크를 유지, 발전시켜 나가는 작업이 필요하다.

5. 초기상담에서 왜 라포 형성이 중요합니까?

퇴직자들은 심리적 아노미 상태라는 점을 전제로 해서 상담을 진행하는 것이 바람직하다. 따라서 초기상담이 가장 중요하다는 사실을 인지하고 상담에 임해야 한다. 첫 대면에서 컨설턴트가 만드는 분위기가 편하지 않다거나, 피상담자를 온전히 수용한다는 느낌을 받지 못하거나, 신뢰가 가지 않거나, 전문가로서의 면모를 발견하지 못했거나, 서비스의 내용이나 향후의 진행사항에 대해 명확하게 전달을 하지 못하면 결국 서비스 전체에 대한 신뢰를 형성하지 못하게 된다. 이는 서비스 참여를 중도에 그만둘 수도 있고 서비스 진행에 어려움이 발생할 수 있다.

6. 재취업지원서비스에서 진단의 정확한 목적이 무엇입니까?

재취업지원서비스에서 시행하는 진단은 일차적으로 자신에 대해 이해하는 것이 첫 번째 목적이다. 50대들은 자신에 대해 고민해 볼 시간조차 갖지 못하고 앞만 보고 달려온 세대이기 때문에 자신에 대해 잘 이해하고 인생 2막에 대한 계획을 세우는 것이 필요하다. 그리고 재취업지원서비스에서 시행하는 진단은 직업선택과 관련된 진단을 주로 사용하며 이는 새로운 직업을 선택하거나 종사하던 직무를 그대로 선택한다 해도 적합한 환경이나 기업을 선택하는 데 기초자료로 활용할 수 있다. 두 번째 목적은 적합도가 높은 직업이나 직무, 환경을 선택하기 위한 자료로 활용하는 것이다.

7. 50대 퇴직자에게 가장 적합한 진단은 무엇입니까?

퇴직자들의 특성에 따라 진단을 선별하는 것이 중요하다. 그리고 한 가지의 특성을 진단하는 것은 진단도구 하나면 족하다. 때문에 성향, 직업 가치, 전용성 소질, 흥미 등 4가지 정도의 진단을 실시하는 것이 좋을 것이다. 구체적인 진단도구는 퇴직자들의 특징에 따라 그들을 가장 잘 설명할 수 있는 진단으로 선택하는 것이 바람직하다.

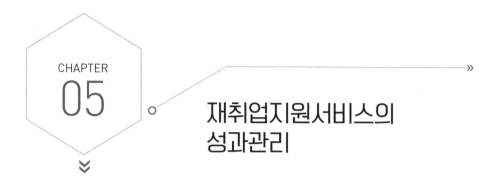

CHAPTER
05

재취업지원서비스의 성과관리

1. 실적관리

　재취업지원서비스가 과거에 전직지원서비스로 명명되던 시절에 기업들이 아웃플레이스먼트 컨설팅회사에 프로젝트를 의뢰하며 가장 강력하게 요구했던 사항이 전직 성공률이었다. 어떤 경우에는 전직 성공률에 따라 성공수당을 책정하는 일도 빈번했다. 이러한 일이 벌어질 수밖에 없는 것은 기업이 비용을 투입하게 되면 이에 대한 ROI가 나와야 하는데 ROI를 무엇으로 산정할 것이냐가 중요하기 때문이다.

　결국 기업들은 전직지원서비스에서는 취업률을 목표치로 삼는 것이 가장 합리적이라고 보았고, 이후부터 전직 성공률이 전직지원서비스의 최종 목표가 되어 버렸다. 전직지원서비스의 목표는 전직 성공률 외에도 퇴직자를 위한 고차원의 목표들이 더 많이 존재함에도 차츰 소외되어 온 듯하다. 그럼에도 불구하고 전직 성공률은 중요한 요소이며, 이외에도 전직 성공률을 뒷받침해 주는 실적들이 존재하며 여기서는 이러한 실적들에 대해 알아보고자 한다.

1) 상담 실적

　재취업지원서비스는 교육과 상담을 중심으로 진행된다. 또한, 교육과 상담을 병행해야 서비스의 효과가 높아진다.

[그림 2-19] 상담 실적 관리의 예

구분	담당자	상담 총 건수	내방면담	출장방문	유선	이메일/우편	비고
1월		28	7		15	6	
		7		2	5		
		28	1	2	24	1	
		15	5		3	7	
		35	5	3	10	17	
		73	4		65	4	
		17	4		12	1	
	1월 합계	203	26	7	134	36	
2월		16	9		7		
		28	7	4	13	4	
		10			10		
		37	20			17	
		39	4		28	7	
		37	12	1	21	3	
		14	2		12		
	2월 합계	181	54	5	91	31	
3월		13	2		9	2	
		26	6	1	15	4	
		31	1	4	26		
		19	10			9	
		57	3	4	39	11	
		95	21	4	63	7	
		21	4	1	16		
	3월 합계	262	47	14	168	33	

출처: A사 프로그램 결과보고서 (2019).

    상담이 진행되면 피상담자와의 상담 내역을 간단하게 기록한다. 이는 피상담자에 대한 개인 사생활의 기록이 아니라 지속적인 상담을 위해 니즈와 현황을 기록하는 수준이다. 컨설팅회사에서는 상담 내역을 시스템에 입력하여 관리하고 있으며 In-house 센터에서도 마찬가지로 시스템에 기록하고 있다. 보통 상담은 1:1 대면 상담과 이메일, 유선 상담 등 세 가지 방법으로 진행하며 주제는 초기

상담부터 경력목표 설정, 이력서 작성, 면접 코칭, 구직활동 점검, 경력설계, 생애설계 등의 주제로 진행된다. 이러한 상담 내역은 주제별로 또는 상담 형태별로 그리고 상담 횟수로 통계화되어 서비스 현황 점검과 개선에 활용된다.

2) 전직 실적

[그림 2-20] 전직 실적 관리의 사례

00년 전직 완료 현황

NO	월별	사업부	성명	직급	연령	출신교	전공	재직연봉	퇴직일	전직형태	서비스신청일	전직회사	직무	직급	전직연봉	전직일자	연락처	연봉수준	담당자
1	1월			차장	49		중국어		2015.10.07.	재취업	2017.12.27.		구매담당	부장		2018.01.02			
2	1월			부장	52		전자공학		2013.09.30.	재취업	2017.11.06.		영업총괄	전무		2018.01.04.			
3	1월			과장	57		전자공학		1998.08.01.	재취업	2017.11.06.		제조총괄	부사장		2018.01.05.			
4	1월			상무	55		기계설계		2017.12.03.	재취업	2016.09.27.		대표이사	부사장		2018.01.02.			
5	1월			상무	56		건축공학		2015.12.30.	재취업	2017.12.08.		대표이사	부사장		2018.01.02.			
6	1월			차장	54		무역학		2016.06.30.	재취업	2016.10.13.		영업마케팅	상무		2018.01.02.			
7	1월			책임	47		컴퓨터공학		2017.06.30.	재취업	2017.07.05.		개발품질	부장		2018.01.02.			
8	1월			부장	56		기계공학		2017.03.01.	재취업	2017.02.02		GFC업무	상무		2018.01.02.			
9	1월			부장	56		경영학		2017.11.30.	재취업	2017.09.14.		영업마케팅	상무		2018.01.02.			
10	1월			수석	56		물리학		2017.12.31.	산학교수	2017.07.07.		산학협력교수	교수		2018.01.02.			
11	1월			책임	44		전기공학		2017.11.30.	재취업	2017.07.03.		개발	차장		2018.01.02.			
12	1월			부장	55		전기공학		2017.10.15.	재취업	2017.07.04.		제조혁신	이사		2018.01.02.			
13	1월			부장	54		전자공학		2015.12.07.	재취업	2017.04.24.		제조담당	부장		2018.01.02.			
14	1월			부장	51		정밀기계공학		2016.06.30	재취업	2017.12.04.		품질담당	부장		2018.01.02.			
15	1월			상무	49		전자		2017.12.31.	재취업	2017.12.01.		연구소장	상무		2018.01.01.			
16	1월			상무	53		응용통계		2016.12.03.	재취업	2017.01.02.		사무국장	국장		2018.01.01.			

출처: A사 프로그램 결과보고서 (2019).

전직 성공의 형태는 재취업, 창업, 그리고 기타로 구분한다. 기타는 퇴직자의 특성에 따라 다양하게 구분될 수 있는데 요즘에는 귀농·귀촌, 산학협력중점교수, 사회적 기업 취업 등이 있다. 그리고 좀 더 자세한 전직 상황을 들여다보려면 직급의 변화나 연봉의 증감, 구직활동 기간, 전직 경로 등의 항목을 추가해야 한다. 이러한 기본 데이터를 토대로 평균 구직기간, 연령대별 구직기간, 구직기간별 전직 성공률 등의 수치를 통해 전직의 여러 현황을 살펴보고 이러한 결과를 서비스 질 제고에 활용할 수 있다.

3) 기업 발굴 실적

상담 실적이나 전직 실적과 마찬가지로 중요하게 다뤄져야 하는 데이터가 기업발굴 실적이다. 이 실적이 결국 전직 성공률로 이어지기 때문이다. 재취업지원서비스에 취업알선이라는 서비스 항목이 있기 때문에 이 항목을 선택하는 퇴직자들이 분명히 있을 것이고, 여기에 대한 제대로 된 준비가 있어야 한다. 앞서 '알선 및 재취업 연계'에서 방법론을 살펴보았고 여기에서는 기업발굴 실적을 정리하는 부분에 대해서만 언급하기로 한다.

기업을 발굴하는 목적은 퇴직자들이 재취업할 수 있는 가능성을 높이고자 하는 것이므로 평소에 지속적으로 진행할 필요가 있다. 자사 퇴직자가 재취업을 한 기업은 핵심회원사로, 신규로 발굴한 기업들은 신규회원사로 구분해서 관리하는 것이 좋다. 그리고 처음으로 이 작업을 시작하는 컨설팅회사나 In-house 센터의 경우에는 퇴직자를 직무별로 그룹화하고 기업 리스트도 산업별, 아이템별로 구분하여 마케팅 레터를 보내는 것부터 시작하는 것이 좋다.

[그림 2-21] 기업발굴 실적 관리의 예

2019년 신규 업체 등록 현황				
등록월	회사명	주력사업부문	등록일	등록자
1월	○○○○○○ 하이테크	정밀가공	20○○.01.02.	
1월	○○엔지니어링	부품가공	20○○.01.21.	
1월	○○○션텍	정밀모터	20○○.01.23.	
1월	○○○○전자재료코리아	화학제품	20○○.01.24.	
1월	○○	컨설팅, 수입판매	20○○.01.24.	
1월	○○○○○코리아	화학제품	20○○.01.24.	
1월	○○○○	의료기 연구	20○○.01.18.	
1월	○○○○	시스템 소프트웨어 개발 및 공급업	20○○.01.07.	
1월	주)렌○코리아	핸드폰 유리 유통	20○○.01.24.	
1월	주)서울○○○○○○	골프장	20○○.01.23.	
1월	주)○○○	R&D 컨설팅	20○○.01.18.	
1월	주)○○○베큠	반도체 장비	20○○.01.25.	
1월	주)○○○베큠	케이블 TV, 영상	20○○.01.30.	
1월	주)○○네트웍크	시스템 설계	20○○.01.21.	

2019년 핵심 회원사 개발 현황				
개발월	회사명	주력사업부문	개발일	개발자
1월	○○○재팬	통신서비스설비	20○○.01.02.	
1월	○○○테크	반도체용 필터류	20○○.01.02.	
1월	○○○○	경영컨설팅 및 헤드헌팅 사업	20○○.01.02.	
1월	○○○○파트너스	헤드헌팅	20○○.01.02.	
1월	○○○텍	반도체디스플레이장비개발제조	20○○.01.03.	
1월	○○○○	시스템 소프트웨어 개발 및 공급업	20○○.01.07.	
1월	○○테크	반도체부품 가공	20○○.01.14.	
1월	주)○○○○	골프장	20○○.01.21.	
1월	○○옵틱스	디스플레이 장비 제조	20○○.01.14.	
1월	주)○○코리아	핸드폰 유리 유통	20○○.01.21.	
1월	○○○○○하이테크	정밀가공	20○○.01.21.	
1월	○○○○	반도체장비 제조	20○○.01.21.	
1월	주)○○○○	케이블 TV, 영상	20○○.01.28.	
1월	○○엔지니어링	부품가공	20○○.01.28.	

출처: A사 프로그램 결과보고서 (2019).

마케팅 레터 사례

○○○○ 기업 인사담당자님 귀하

안녕하십니까?

폐사는 Outplacement 컨설팅회사로 ○○○○년 10월부터 본격적인 영업을 시작한 이래 국내외 굴지의 ○○개 기업, ○○○명의 고객(퇴직자)에게 서비스를 제공하고 있으며, 지금까지 퇴직자(고객)의 ○○% 이상이 ○개월 이내에 재취업 및 창업에 성공하는 성과를 올렸습니다.

한편, 현재 저희 ○○○○는 고객의 새로운 경력 목표 달성과 기업의 인재채용을 동시에 만족시키기 위한 Job Lead Program을 실시하고 있습니다. 이 프로그램은 현재 저희가 보유하고 있는 인력에 대한 정보를 기업에 무료로 제공해 드림으로써 비용 부담 없이 필요인력을 채용할 수 있도록 도와드리며 동시에 저희 고객들의 경력과 능력을 홍보함으로써 고객이 경력목표를 효과적으로 달성할 수 있도록 도와드리는 ○○○○ 고유의 서비스입니다.

○○○○이 보유하고 있는 인력은 각 분야에서 다년간의 경험을 축적한 유능한 전문가들이며 현재 기업의 인수합병이나 구조조정 등 불가피한 조직과 인원감축으로 인해 새로운 경력과 진로 개척을 모색하고 있습니다. 이들은 ○○○○만의 체계적인 프로그램을 이수하여 업무에 대한 확실한 동기부여 및 높은 책임감을 지니고 있습니다. 뿐만 아니라, ○○○○의 상담 과정을 통해 개발된 긍정적인 사고방식으로 업무에 임함으로써 귀사의 생산성 향상에 크게 기여할 수 있을 것으로 기대됩니다.

저희 ○○○○가 귀사가 필요로 하는 인력을 채용하는 데 조금이나마 도움이 되길 바라며, 고급 경력인력 채용 계획이 있을 때 연락주시면 조건에 맞는 인력의 자세한 프로필을 보내드리겠습니다. 또한, 저희 ○○○○은 서울분 아니라 지방 광역시 및 기타 중소도시에까지 근무가 가능한 인력(지역연고자 또는 근무희망자)을 보유하고 있음을 알려드립니다.

인재가 필요하신 경우 우선 ○○○○에 문의하여 주십시오. 감사합니다.

○○○○년 ○○월 ○○일
○○○○ Job Lead Team
팀장 ○○○ 배상
전화: ○○-○○○○-○○○○ (직통)

4) 프로그램 만족도

교육프로그램은 강좌가 끝날 때마다 강의 평가를 진행하고, 프로그램 종료 시점에 전체 프로그램 만족도에 관한 설문을 한다. 설문의 결과는 프로그램 종료보고서를 작성할 때 기본 데이터로 활용된다. 컨설팅회사나 기업의 보고서 형식이 다양하겠지만 설문 결과를 어떻게 활용하는지 몇 가지 예를 제시한다.

[그림 2-22] 설문 결과의 사례

설문: 전직지원 교육이 필요하다고 생각하는가?					
입과 시			**수료 시**		
반드시 필요	36%		반드시 필요	66%
호감은 있음	47%		대체로 필요	33%
기대감 없음	11%		보통	1%
형식적인 절차	4%		불필요	0%

[그림 2-23] 프로그램 효과에 대한 설문 결과의 사례

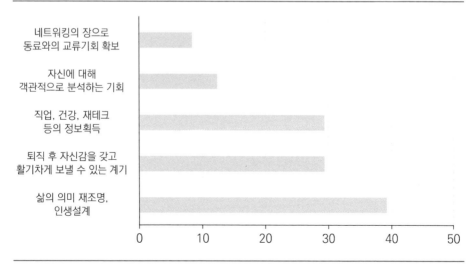

출처: A사 프로그램 결과보고서 (2019).

여기 예시한 설문 결과나 강의평가, 그리고 보고서 샘플 등은 내용의 전체를 보여주는 것이 아니라 일부분이다. 자칫 이 정도만 해도 된다는 기준으로 활용해서는 안 된다. 평가는 별도로 학습해야 하는 분야이므로 여기서는 이러한 데이터를 활용해 결과보고를 한다는 것만 제시하고자 한다.

[그림 2-24] 강의 평가결과의 사례

□ 과목별 만족도

과목	강사	만족도(5점 만점)
퇴직 후의 삶과 재취업준비	○○○	4.8
경력분석 & 강점 찾기	○○○	4.7
파워이력서 작성	○○○	4.8
성공하는 면접 노하우	○○○	4.8
퇴직 후 4대보험 처리절차	○○○	4.9
면접 시뮬레이션	○○○	4.9
재취업의 방법	○○○	4.8
프레젠테이션 스킬	○○○	4.9
산학협력 중점교수 지원방법	○○○	4.8
중소기업 인사노무전략	○○○	4.9
제조프로세스와 혁신	○○○	4.4
실전마케팅 전략	○○○	4.6
구직활동기간 활용전략	○○○	4.6
중소기업경영의 이해	○○○	4.9

프로그램 결과보고서 사례

○○년 ○○프로그램 실시 결과보고

'○○. ○○. ○○(월)

○○○○○센터

┌───┐
　○○○의 퇴임 후 연착륙을 위한 전직준비와 경력설계, 제2의 인생설계를
목표로 실시된 ○○프로그램의 결과입니다.
└───┘

1. 개요

- 대상: 비상근 ○○○ 및 퇴임 ○○ ○○○명 대상 안내
- ○○명 참여 신청, 실제 프로그램 참여자 총 69명
  (전무 ○○명, 상무 ○○명)
- 일정 및 교육시간

교육차수	기간	참여인원	교육횟수	교육시간
1	03월 03일-04월 21일	25	8	40
2	03월 18일-05월 06일	24	8	40
3	05월 12일-07월 14일	20	8	40
총 3차수		69	24	120

- 장소: ○○센터 내 교육장

2. 과정 운영 결과

- 과정에 대한 평가

교육차수	과정만족도	참여권유	운영기간	교과편성
1	4.7	4.8	4.2	4.3
2	4.8	5	4.3	4.8
3	4.9	4.9	4.7	4.7
평균	4.8	4.9	4.4	4.6

2. 재취업지원서비스의 효과분석

현재는 재취업지원서비스가 1,000인 이상 기업에서 잘 시행되는 것이 가장 중요하지만 이미 전직지원서비스가 우리나라에 첫선을 보인 지 20년이 지났고 그동안 다양한 시행착오를 겪어왔기 때문에 이제는 퇴직자들에게 실제로 도움이 되는 내용으로 서비스를 하기 위한 방안에 대해 논의해야 할 때이다. 서비스를 진행하다 보면 퇴직자들이 아쉬움을 토로하기도 하고 본인들의 니즈를 적극적으로 제시하기도 한다. 결국 그들의 니즈를 종합해 보면 뚜렷한 경력대안과 방법론을 제시해 달라는 것이 주된 내용이다. 그런데 이러한 니즈 분석이 설문 결과만으로는 부족하므로, 효과분석을 통한 프로그램 재정립을 진행할 필요가 있다.

1) 효과분석

기존의 전통적인 평가들은 대부분 수학적 평균과 양적 수치와 연관된 효과들을 제시해 왔다. 실제 학습한 내용을 어떤 방식으로 적용하고 있는지에 대한 충분한 설명을 제공하지 못했다. 이러한 전통적인 평가의 한계점을 극복하고자 제시된 방법이 성공사례기법(Success Case Method, SCM)이다.

성공사례기법은 프로그램이 진행되는 과정이나 프로그램 종료 이후에 실제로 어떤 일이 발생하며, 프로그램의 결과는 무엇이며, 그 결과의 가치는 무엇이고, 프로그램을 어떻게 개선할 수 있는가에 대한 양적·질적 데이터와 결과를 얻을 수 있다. 교육 종료 후에 탁월한 적용능력과 성과향상을 나타낸 교육훈련 참가자의 경험을 분석하여 교육효과를 측정함으로써 교육훈련의 효과성 향상을 위한 기본 지침을 제공한다.

이 효과분석의 특징은 프로그램의 교육효과모델을 개발하는 것인데 교육효과모델은 프로그램이 실제로 효과를 나타낼 경우, 성공이 어떤 형태로 나타나는지를 예상하는 것이다. 효과분석에서 개발된 교육효과모델과 분석 후 결과가 다르지 않았으며, 기대한 효과를 프로그램에서 충분히 획득할 수 있었다.

〈표 2-10〉 재취업지원서비스의 교육효과모델

주요 교육내용	학습내용 적용 후 행동 변화
• 고용시장에 대한 이해 및 취업환경 분석	
• 경력분석 및 강점 발견	• 고용시장에 대한 현실적 눈높이 조정
• 이력서 작성방법	• 경쟁력 있는 이력서 완성
• 면접대응 방법	• 면접 대응력 제고
• 재취업의 방법	• 재취업 전략 수립 및 실행
• 중소기업의 현황 이해	• 중소기업 직무능력 개발
• 중소기업 직무이해	
• 자신에 대한 이해	• 생애경력에 대한 탐색과 실행계획 수립
• 생애경력 대안 탐색	• 제2의 인생 6영역(직업, 재정, 가족, 건강, 여가, 건강)에 대한 계획 수립
• 생애경력 계획	
• 제2의 인생설계	

주요 결과	경영 목표
• 전직 성공	• 조직의 개인에 대한 후원 인식
• 재취업 후 새로운 조직에 성공적 적응	
• 장기적 시각을 토대로 미래 경력 준비	• 임직원의 회사에 대한 신뢰도 제고
• 제2의 인생 6영역에 대한 실질적 준비	• 효율적 퇴직관리 실현

출처: 김석란 (2016). 기업 전직지원프로그램의 효과분석에 관한 연구. 숙명여자대학교 대학원 박사학위논문, p. 63.

〈표 2-11〉 재취업지원서비스의 성과와 관련 인터뷰 내용

학습내용 적용 후 행동변화	성과	관련 인터뷰 내용
구직활동을 열심히 함	빠른 재취업	"재취업 정보, 재취업 관련 방법론이 도움이 되었다. 취업을 안하려고도 했었는데 그냥 노는 것은 아니라고 생각했다. 취업의 현주소를 말해 주어서 동기부여가 됐고 재취업에 대한 의지를 촉진해 줬다."
재취업 전략을 수립하고 실행함	재취업기술 습득과 실행력 강화	"본인이 얼마나 뛰느냐가 중요하다 생각했다. 계획을 세워 진행, 유사한 분야, 제조, 경영 등 타깃을 정해서 진행했고 관공서, 학교, 기업, 컨설팅 분야 등 세분화해서 진행했다."
고용시장에 대해 현실적인 눈높이 조정이 이루어짐	고용가능성의 제고	"상대비교가 되었다. 기대감이 큰 만큼 자꾸 주위 사람들의 재취업 결과에 흔들리게 되었다. 그래서 그런 기대를 깨치기 어려웠다. 하지만 점차 조정이 되어 갔고 그래서 취업이 된 것 같다."
직무능력개발을 위해 노력함	전직 후 적응력 제고	"컨설팅 관련 온라인 강의 수강, 경영지도사 준비, 중소기업진흥공단 전문 컨설턴트 등급도 받았다. 그래서 산학교수 갈 때 도움이 많이 됐다."
미래 경력에 대한 준비	심리적 안정 획득	"현재 분야를 유지하기 위해 학업을 더 연장해 가는 게 중요하다고 생각해서 진학도 생각하고 있다. 학생들 경력에 대한 상담도 필요하다고 생각하여 그런 쪽으로 준비하려 한다. 컨설팅도 연계가 되어서 길은 많을 것 같다." "인생 후반에 한번에 쭉 갈 수 있는 것을 해야겠다는 생각으로 메인으로 사회복지, 세컨으로 강의, 그 외에는 사회봉사를 생각 중이다. 세 개의 그룹 형태로 가겠다고 생각하고 교육을 받고 있다. 상담심리도 학습하고 있다."
제2의 인생에 대한 계획 수립	일과 삶의 균형 획득	"예전에는 인생 대부분의 시간을 일만 했는데 교육받으면서 생각이 많이 바뀌었다. '내가 왜 살지' 하는 생각을 많이 했다. 그리고 소중한 가족관계에서 행복감을 느껴야 한다고 생각하게 되었다. 소소한 데서 행복을 느끼게 되고 일과 가정의 밸런스를 중요하게 생각하게 되었다. 이건 돈으로 얻어지는 게 아니다. 그래서 보수가 많은 것보다 인생의 밸런스를 맞추게 된 것 같다."

출처: 김석란 (2016). 기업 전직지원프로그램의 효과분석에 관한 연구. 숙명여자대학교 대학원 박사학위 논문, pp. 110-111.

2) 개선 방향

전직지원서비스 효과분석을 통해 도출해 낸 결과를 토대로 개선방향을 정리한 내용을 소개한다. 제시한 내용을 보면 현실적으로 실행이 쉽지 않은 부분이 눈에 띈다. In-house 센터에서는 가능하지만 아웃소싱을 진행할 경우에는 더욱 힘든 부분도 있고, 아웃소싱 회사에 요구할 수는 있지만, 내부에 시스템을 만들기는 쉽지 않은 내용들도 있다.

〈표 2-12〉 전직지원서비스 효과분석을 토대로 한 개선방향

설문 분석 결과에 따른 개선방안		• 대상의 연령, 직급 등에 따른 프로그램 차별화 • 학습 내용을 잘 적용하도록 하기 위한 조치 필요 • 현실적이고 구체적인 전직 성공방안에 대한 고민
프로그램에 대한 개입 요구		• 퇴직 충격을 약화시키기 위한 심리적 안정 도모 필요 • 재정적 문제에 대응하기 위해서는 단기적으로 빠른 재취업과 장기적으로 미래 경력 준비 강화
인터뷰 내용 분석 결과에 따른 개선 방안	프로그램 주요 교육내용	• 퇴직자와 중소기업을 연계하는 매칭의 시스템화, 인력의 전문화 • 프로그램 입과 전 재취업과 창업을 선택하게 하는 전직지원 프로세스의 점검 • 전직 성공까지 밀착 서비스 진행 • 개인별 맞춤 커리어 서비스 시행 • 인생 전반에 대한 설계를 담당하는 전문성 개발 • 중소기업에 대한 이해, 자기 이해, 인생설계, 다양한 대안 제시 등 실질적으로 도움이 되는 내용 제시
	프로그램 이후 행동 변화	• 실제 적용을 위해 실행과 연결되는 과정관리 필요 • 개인별 재취업전략을 수립하고 점검하는 과정 필요 • 구직활동 전반에 대한 세밀한 코칭과 점검 요구
	프로그램 주요 결과	• 전직 성공을 위한 지지요인 강화 방안 강구 • 미래 경력준비를 위한 교육의 세분화 • 제2의 인생 설계를 위한 교육의 세분화 • 전방위적 생애설계 서비스 구조로 확대

　　이러한 니즈를 다 반영하지 못하지만, 프로그램의 편성을 다양화하고 내용을
충실하게 하는 방향으로 개선을 진행했다. 라이프디자인 프로그램과 커리어디자
인 프로그램을 독립된 프로그램으로 구성하고 내용을 풍부하고 심도 있게 편성
하는 방향으로 1차 개편을 진행했고, 2차로는 다양한 경력대안 발굴의 차원에서
산학협력교수 양성과정, 자격증 준비과정, 면접관 양성과정, 사회적경제 탐색과
정 등을 도입하여 운영하고 있다.

[그림 2-25] 개편 후 프로그램 구성

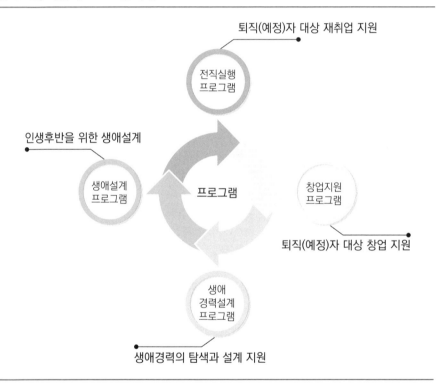

3. 전문성 제고 방안

1) 전문가 양성과정

재취업지원서비스 혹은 전직지원서비스는 여타 커리어 상담이나 커리어 컨설팅과는 또 다른 영역이다. 그러나 민간시장에서는 이러한 구분이 모호해서 특화되어 있는 전직지원 전문가 양성과정을 찾기가 쉽지 않다. 단지 재취업 관련된 콘텐츠만 다룰 수 있다고 해서 전직과 관련된 일을 할 수 없다. 전직지원전문가 양성과정, 커리어컨설턴트 양성과정, 진로지도전문가 양성과정 등 다양한 이름의 과정들이 등장하고 있지만 단지 교육으로 끝날 뿐만 아니라, 전직지원전문가로 진입하는 것은 쉽지 않은 상황이다. 그 이유는 실무경험이 없으면 컨설팅이 쉽지 않다는 것과 양성과정의 커리큘럼이 실무에 근접한 내용을 다루지 않기 때문이다.

전직지원전문가 양성과정은 전직지원 컨설팅회사에서 진행하는 과정이 가장 내용 적합도가 높다. 전직지원 컨설팅회사들이 양성과정을 운영하는 이유는 자체 프로젝트에서 활용할 컨설턴트를 양성하는 데 있다. 실제 퇴직자들에게 양성과정을 권유하고 있고 수료 후 관련 프로젝트에 소속되어 활발하게 활동하고 있는 컨설턴트들이 상당수 배출된 것을 보면 양성과정은 프로젝트와 연계될 수 있는 과정을 선택하는 것이 관건이다.

2) 역량강화 방안

전문성을 제고하는 방법이 다양하겠지만 전직지원 분야에서 우선적으로 학습해야 할 내용들이 있다. 이 내용들을 순차적으로 학습해서 역량을 갖춰 나가야 한다. 결국 이 분야에서 컨설턴트로 성장하기 위해서는 학습하는 것을 업무의 일부로 생각해야 한다. 우선 지식과 기술 측면을 제시하였다.

[그림 2-26] 전직지원컨설턴트에게 요구되는 지식, 기술

Skill	Knowledge
컨설팅 Toolkit	커리어 관련 지식
상담/Coaching Skill	직업/고용시장 지식
Assessment Skill	Assessment 지식
Research Skill	직무/HR 지식
Presentation Skill	기업경영 지식

앞서 전직지원 분야에서 컨설팅, 코칭, 상담의 스킬을 모두 사용하므로 세 가지 스킬을 학습해야 한다는 점을 강조한 바 있다. 또한, 상담에 필요한 진단도구를 다룰 줄 알아야 하며, 각종 정보를 리서치하는 정보수집 역량도 요구된다. 그리고 컨설턴트는 전직지원 관련 콘텐츠를 대부분 강의할 수 있어야 한다.

지식 측면에서는 커리어 이론을 학습해야 하고 직업이나 고용시장에 대한 지식, 진단도구를 다룰 때 도움이 될 만한 심리학 지식도 습득할 것을 권한다. 그리고 퇴직자들이 기업에서 퇴직해서 다시 기업으로 취업하게 되므로 직무나 HR 관련 지식이 꼭 필요하다. 여기에 기업 경영에 대한 학습이 더해진다면 전직지원분야의 전문가로 성장할 수 있을 것이다.

[그림 2-27] 역량강화프로그램의 예

회차	주요내용	시간	강사
1	[이력서 작성과 클리닉] • 이력서의 중요성과 작성 목적의 인식 • 강점의 도출과 차별화 전략 • 항목별 작성 방법과 클리닉 포인트	3H	○○○ 부장 경력컨설팅센터
2	[인생 6영역에 대한 생애설계] • 고령화 시대의 도래와 삶의 변화 • 마스터 시니어가 되기 위한 준비	3H	○○○ 소장 (○○○○ 연구소)
3	[Life Design Program Review] • 인생 6영역의 생애설계 내용 습득	3H	○○○○ 부장 경력컨설팅센터
4	[Career Design] • 커리어 디자인을 위한 이론 소개 • 커리어 정보의 습득과 제공	3H	○○○ 박사 ○○○컨설팅
5	[Career Design Program Review] • 장기적 경력설계를 위한 컨설팅 노하우	3H	○○○ 부장 경력컨설팅센터
6	[스트레스 관리 컨설팅] • 스트레스에 동반되는 행동 특성 • 스트레스의 조절과 해소 방안 제시	3H	○○○ 대표 ○○○컨설팅
7	[Case Study] • 상담의 구조화와 상담의 기술 • 상담 롤 플레이 & 피드백	3H	○○○ 부장 경력컨설팅센터

뿐만 아니라 자격을 취득한다거나 학위 취득을 위해 진학하는 것도 좋은 방법이 될 것이다. 다른 분야도 마찬가지겠지만 이미 보유하고 있는 지식이나 스킬을 소진하는 방식이 아니라 지속적으로 채워나가는 방식의 경력관리가 필요한 분야가 전직지원 분야이다. 특단의 역량강화 방안이 있다기보다는 지속적인 지식 습득과 상담 경험을 축적해 나가는 방향으로 역량강화가 이루어져야 한다.

3) 전문가 양성제도 도입

현재로서는 전직지원전문가를 양성하는 공식적인 기관이 없다. 전직지원전문가의 자격을 규정하는 국가자격제도도 없다. 그저 유사한 민간 교육기관들과 유사한 국가자격과 여타 비슷비슷한 민간 자격들이 난무할 뿐이다. 전직지원이 그저 선택을 해도 되고 안 해도 되는 제도였던 시절에는 전문가 양성을 시장 자율에 따라 할 수 있었다. 그러나 재취업지원서비스가 의무화된 상황에서는 시장에서 제대로 된 서비스가 제공되도록 요건을 갖춘 전문가 양성 시스템을 먼저 도입해야 한다. 그런 과정이 생략되고 1,000인 이상 기업의 재취업지원서비스가 의무화되어 지금은 현장에서 활동하는 전문가들이 어느 수준 이상의 품질을 유지해야 하는 막중한 책임을 느낄 것이다. 이제라도 전문가를 양성하는 시스템을 도입하지 않으면 500인 이상, 300인 이상의 기업들에 이 제도를 확대하는 것이 쉽지 않을 수 있다. 그만큼 전문가 양성이 시급하다.

[그림 2-28] 전문가 양성 방안

---

1. 대학에 학과나 전공 개설

2. 인증된 양성과정/재교육과정 도입

3. 과정평가형 전직지원전문가 자격 도입

우선 대학에 학과나 전공을 개설하는 것이 가장 좋은 방법이다. 체계적으로 기초 지식부터 습득할 수 있는 트레이닝 시스템이 필요하다. 장기적인 관점에서 인재를 양성하는 시스템을 구축하고 이와 더불어 인접 분야에서 활동하는 인력들을 재교육해서 전직지원분야로 진입시키는 듀얼 시스템이 필요하다. 이와 더불어 국가자격제도를 도입하는 것도 필요하다. 현재 비슷한 자격이 있지만 엄밀하게 들여다보면 보완하거나 완전히 배제해야 할 내용들도 많아서 기존의 자격을 활용하는 것은 적합하지 않으며 새롭게 전직지원전문가를 배출하는 과정 평가형 자격을 도입하는 것이 합리적일 것이다.

FAQ

1. 재취업서비스에서 실적관리는 왜 필요하고 중요합니까?

회사에서 새로운 사업이나 프로젝트가 시행될 경우 관심을 가지고 지켜보는 것이 당연하다. 그리고 그 관심은 지속적으로 같은 방식으로 진행할 것인지, 방식을 바꿀 것인지, 어떤 점을 개선할 것인지, 이러한 질문에 대한 답변을 요구받게 된다. 그러려면 보고서를 통해 이러한 궁금증에 대한 답변을 제공하는 것이 필요하다. 이처럼 보고서를 작성함으로써 향후를 도모하고, 서비스를 개선해 나가기 위한 기본 데이터의 축적을 위해 실적관리가 필요하다.

2. 교육평가의 데이터를 어떻게 활용하면 좋습니까?

교육프로그램에서 평가는 보통 강의평가와 프로그램 만족도 설문 정도를 진행한다. 이 데이터는 교육프로그램 차수가 종료될 때마다 참여자들의 만족도, 소감, 니즈 등을 정리하여 다음 교육에 반영하며, 프로그램 종료 보고서를 작성할 때 교육평가 데이터가 중요한 역할을 하게 된다. 강사를 교체하거나 교과를 변경하거나 커리큘럼을 개선하거나 효과성을 측정하는 데 활용된다.

3. 재취업지원서비스를 시행하다 보면 프로그램의 업그레이드가 필요해지고 퇴직자의 니즈도 다양해질 텐데 이때 어떤 솔루션이 필요합니까?

강의평가나 교육만족도, 그리고 결과보고서의 내용들을 축적해 나가는 것은 중요한 일이다. 하지만 어느 정도 시간이 흐르면 전체적으로 프로그램과 시스템, 프로세스를 개선해야 할 필요가 있다. 주기는 자체적으로 정해야 하지만 3-5년이 좋지 않을까 싶다. 이때 어떤 방식으로든 서비스를 전체적으로 평가하고, 개선 포인트를 포착하여 이를 토대로 업그레이드를 진행하는 것이 필요하다. 본문에 제시한 효과분석을 하는 것도 바람직한 방법일 것 같다.

4. 전문가로 성장하기 위해 어떤 지식, 기술의 습득이 필요합니까?

초기에는 서비스 내용에만 집중하게 되지만 경험이 축적되면서 본인에게 부족한 것이 무엇인지 스스로 인지하게 되는 경우가 생긴다. 그리고 그동안 활용한 지식이나 기술이 소진되었다는 느낌이 들면 부족한 부분을 채우는 적극적인 노력이 필요해진다. 상담이나 컨설팅, 코칭의 기술을 심화시킨다거나, 커리어 이론을 더 깊이 있게 학습하거나, 자격을 취득하거나, 학위를 취득하는 것도 방법이다. 하지만 가장 필요한 것은 서비스 내용 전체를 다룰 수 있도록 역량을 제고하는 노력이 가장 중요하다.

5. 재취업지원서비스 제도의 개선점은 무엇입니까?

진로설계 16시간, 재취업 또는 창업 16시간이라는 기준이 그저 형식적인 서비스를 하고 있다는 반응을 얻기도 한다. 이미 개발된 표준 커리큘럼들이 존재하지만 50대의 특성과 주변 환경의 변화, 60세 이후의 삶을 위한 대안탐색 등을 고려하여 새롭게 표준 커리큘럼을 정립하고, 퇴직자들에게 충분히 도움이 될 만한 최선의 시간을 도출해 냈으면 한다.

그리고 전직지원서비스는 교육과 상담, 취업알선이라는 세 분야가 필수적으로 함께 진행되어야 전직 성공으로 연결된다. 그런데 재취업지원서비스에서는 그중 한 가지만 서비스해도 된다고 명시되어 있기 때문에 의도한 결과를 얻기에는 턱없이 부족할 수밖에 없다. 반쪽짜리 서비스가 되지 않기 위해서는 진단, 상담/컨설팅을 포함하여 효율적인 운영이 가능한 방향으로 기본 요건이 재설계되어야 한다. 또한, 취업알선은 취업처를 소개하는 것 외에 구직활동을 점검하는 상담이 취업에 성공할 때까지 이루어져야 하고 교육이 병행되는 것이 중요하다. 시행에 중점을 둔 요건을 만들 것인지 제대로 된 서비스를 진행할 것인지 그 균형을 잘 맞추어 가는 고민이 더 필요하다.

참고문헌

강창훈 (2015). 전직지원프로그램 유형과 삼성·포스코·코레일 사례 살펴보기. HR Insight 2015. 7., 90−93.

고용노동부 (2010). 2010년판 고용보험백서.

고용노동부 (2020). 사업주의 재취업지원서비스 운영 매뉴얼.

구관모 (2004). 전직지원활동 특성이 퇴직자 및 잔류구성원에게 미치는 영향에 관한 연구. 서강대학교대학원 박사학위논문.

구관모·이규만 (2007). 전직지원활동이 잔류구성원의 직무태도에 미치는 영향. 인사 관리 연구 31(1), 125−146.

국가통계포털 (KOSIS). http://kosis.kr

기영화 (2000). 퇴직준비를 위한 평생교육프로그램 개발 모델의 이론적 토대. Andragogy Today 3(4), 17−41.

김규동 (2001). 국내외 아웃프레이스먼트 성공사례. 인력조정과 전직지원 서비스의 활성화 방안에 관한 토론회 발표자료. 한국노동연구원.

김동헌 (1998). 미국기업의 고용조정 대상자 지원 사례 연구. 한국노동연구원.

김명언·장재윤·조성호·노연희 (2003). 성취프로그램의 효과: 구직효능감 변화를 중심으로. 한국심리학회지 16(2), 181−204.

김석란 (2016). 기업 전직지원프로그램의 효과분석에 관한 연구. 숙명여자대학교 대학원 박사학위논문.

김석란·이영민 (2013a). 기업 퇴직예정군로자의 고용가능성 제고를 위한 S사 재취업 교육 프로그램 사례분석. 산업교육연구 26(3), 51−68.

김석란·이영민 (2013b). 기업 퇴직근로자 전직지원프로그램 비교분석. 실천공학교육 논문지. 5(1), 80−90.

김수원·김미숙·장화익·김세종 (2007). 중소기업 훈련 컨소시엄 운영실태 분석 평가. 한국 직업능력개발원.

김수원·이지연 (2006). 중고령자 능력개발을 위한 제2의 인생설계 지원프로그램 연구. 한국직업능력개발원.

김정한 (2001). 전직지원제도의 의의와 정책과제. 한국노동연구원.

김정한·김동헌·오학수 (2001). 고용조정과 전직지원−한국, 일본, 미국 기업사례를 중심으로. 한국노동연구원.

김정한·김부창·양석중·조항민·박성택 (2002). 산업기술인력 아웃플레이스먼트센터 운영

사업: 전통산업기술인력의 전직지원 및 재배치·교육사업. 산업자원부.

김정한 (2005). 고령화와 인적자원관리. 한국노사관계학회 동계학술대회.

김창호·최용신 (2010). 공기업 전직지원제도가 조직신뢰 및 몰입과 기업 성과에 미치는
   영향. 한국인사행정학회보 9(3), 99−127.

김춘경·이수연·이윤주·정종진·최웅용 (2016). 상담학 사전. 서울: 학지사.

곽혜정 (2011). 실업자의 직업정보인지 수준이 구직행동에 미치는 영향: 구직효능감 매개
   효과 중심으로. 대구대학교 대학원 석사학위 논문.

남현희 (2020). 상생 함께하는 인생 2막. 전직지원 서비스 활성화 콘퍼런스 2020. 2. 21.
   자료집, 79−85.

노안영·강영신 (2011). 성격 심리학. 서울: 학지사.

미래에셋 퇴직금연구소 (2011). 미국 사내 은퇴교육 우수사례 및 시사점.

민상기·이명훈·문세연·길대환·노경희 (2015). 중장년 대상 적합 훈련직종 발굴 및 취업
   연계를 위한 해외 운영사례 조사 연구. 한국산업인력공단.

박가열·김재호·장서영 (2009). 중장년층 전직지원 방안 연구. 한국고용정보원.

박경규·윤종록·임효창 (1999). 신입사원의 조직사회화에 대한 종단적 연구. 인사조직연구
   7(1), 43−82.

박경하 (2011). 우리나라 중고령자의 은퇴과정 유형화 연구. 사회복지연구 42(3), 291−327.

박상언 (2001). 다운사이징을 실시한 조직에 있어서 생존직원들의 반응에 관한 경험적 연
   구. 경영학연구 30(2), 319−347.

박영범·채창균 편 (2014). 장년 고용과 정책과제. 한국직업능력개발원.

박윤희 (2010). 중고령자의 고용 및 직업능력개발 요구분석. HRD연구 12(3), 83−111.

박준성 (2009). 고령화 시대의 인적자원관리 혁신 방안. 임금연구 17(4), 4−22.

박창동 (2014). 금융산업 전직지원프로그램의 효과분석에 관한 연구. 중앙대학교 대학원
   박사학위논문.

박철우·이상희·이영민 (2018). 기업의 전직지원 서비스 제공 모델 및 의무 법제화 방안
   연구. 고용노동부.

박철우·이영민·정동열·권재현·권혁·김석란·김유빈·김주섭·김주현·김준영·김지운·박
   명준·박문수·박종성·백인화·오학수·오호영·이은정·정유경·조정윤·홍성민
   (2018). 한국의 장년고용. 고양: 화산미디어.

삼성경제연구소 (2001a). 효과적 퇴직관리의 실천방안. CEO Information 제 298호.

삼성경제연구소 (2001b). 기업의 경쟁력 강화를 위한 전략적 퇴직관리 방안. 인사경쟁력
   T/F 미출판보고서.

성지미·안주엽·김동태 (2015). 전직지원서비스 표준모델 개발. 서울: 노사발전재단.

손종칠 (2010). 중고령자 은퇴 및 은퇴 만족도 결정요인 분석. 노동정책연구 10(2), 125−153.

송병준 (2009a). 주력산업의 인력 고령화 실태와 대응전략. KIET 산업경제 7월호, 47−56.

송병준 (2009b). 주요산업의 고령화 실태와 인적자원관리전략. 임금연구 17(4), 51−63.

석진홍·박우성 (2014). 인력 고령화가 기업의 생산성과 인건비에 미치는 영향. 노동정책연구 14(3), 79−104.

안선영·김동헌 (2014). 노동력 고령화는 노동생산성을 저하시키는가? 한국사례에 대한 실증분석. 고려대학교 미래성장연구소 2014. 9. 워킹페이퍼.

안종태·오학수·안희탁·박희준·윤동열·성상현·박우성·유규창·김동배 (2014). 정년 60세 시대 인사관리 이렇게 준비하자. 서울: 호두나무.

안지미 (2009). 전직지원센터 설립 타당성 연구. 대구경북연구원.

양안나 (2010). 장기복무 제대군인의 직업전환과정 연구. 서울대학교 대학원 박사학위논문.

엄동욱·배노조·이상우 (2005). 고령화·저성장 시대의 기업 인적자원 관리방안. 삼성경제연구소 연구보고서.

엄미정·김형주·홍성민 (2011). 연구개발인력 경력개발과 고용촉진 전략. 과학기술정책연구원.

윤덕룡·이동은 (2016). 고령화시대 주요국 금융시장 구조변화 분석과 정책적 시사점. 대외경제정책연구원.

원종학·김종면·정병힐·우석진 (2008). 고령자의 노동공급과 조세·재정정책. 한국조세연구원.

이경희·이요행 (2011). 준·고령자 직업훈련의 훈련생 및 훈련 특성이 재고용에 미치는 효과. 한국노년학 31(3), 527−538.

이삼식 (2016). 저출산, 고령화 대책의 현황과 정책과제. 보건복지포럼 1월호, 52−65.

이영민 (2012). 인력 고령화 추세에 따른 기업의 인적자원관리 대응 방안. 상장협 연구 64호, 134−155.

이영민 (2015). 생산가능인구 감소시대에 대비한 장년 연구개발 인력 활용 모델 연구. 공학교육연구 18(1), 3−10.

이영민 (2016). 전직지원 및 유급휴가훈련 개선방안 연구. 고용노동부.

이영민 (2018). 인력고령화와 기업의 장년 근로자 활용전략. 노사발전재단 포럼 발제자료.

이영민 (2019). 전직지원서비스 발전방안. 노사발전재단 중장년포럼 발제자료.

이재홍 (2010). 미국의 고령자 고용 동향과 고용정책. 국제노동브리프 4월호. 한국노동연구원.

이종구 (2002). 한국 P&G의 전직지원제도. 임금연구 2002년 봄호, 113-117.

이진규 (2013). 과학기술인 협동조합 육성·지원. HRD Review 7월호, 164-175.

이찬영·태원유·김정근·손민중 (2011). 고령화에 따른 노동시장 '3S'현상 진단. CEO Information.

이형종 (2019). 기업의 준고령자 인생2막 지원 사례. 50플러스 리포트 2019(14), 10.

임안나 (2006). 학습문의 전직지원서비스 효과성에 관한 연구. 광운대학교 대학원 박사학위논문.

장서영·손유미·이요행·정시원 (2013). 사무직 베이부머 퇴직설계프로그램 개발 연구. 한국고용정보원.

장석인 (2014). 노동시장의 유연화를 위한 선진국의 아웃플레이스먼트 사례연구. 한독사회과학논총 24(3), 159-200.

장지연·신동균·신경아·이혜정(2009). 중·고령자 근로생애사 연구. 한국노동연구원.

전용일·이영민·이원희·박철우·고진수·이승길 (2017). 기업의 전직지원 실태조사 및 서비스 모델 개발. 고용노동부.

정성필 (2012). 한계기업의 구조조정 활성화에 관한 법적 연구. 전북대학교 대학원 박사학위 논문.

정수진·고종식 (2019). 실무지식을 위한 인적자원관리. 파주: 정독.

주용국 (2002). 전직지원서비스의 활성화 방안. 한국직업능력개발원.

중앙일보 2014. 7. 2 "독일 지자체 '노동자 고용 가장 중요' … 파견회사 직접 차려 기업에 인력 공급."

조범상 (2006). 고령화 시대의 인적자원관리 방안. 경영계 10월호, 28-31.

진성미 (2009). 경력 역량 탐색을 위한 평생학습의 시사. 평생학습사회 5(2), 21-44.

천영희 (2002). 전직지원프로그램의 효과분석 및 개선방안 연구. 중앙대학교 대학원 박사학위 논문.

최숙희 (2008). 고령화정책의 우선순위 분석. Issue Paper. 삼성경제연구소.

최옥금 (2011). 우리나라 중·고령자의 은퇴 과정에 관한 연구: 생애 주된 일자리와 가교 일자리를 중심으로. 한국노년학 31(1), 15-31.

최지희 (2012). 고령인력 활성화를 위한 직업능력개발 정책 개선 방안. 한국직업능력개발원.

태원유 (2001). 퇴직관리와 문제점과 개선방안. 삼성경제연구소.

한국경영자총협회 (1999). 한국기업의 퇴직 관리 실태.

한국기업교육학회 (2010). HRD용어사전. 서울: 중앙경제.

한국일보 2016. 6. 14. '전직은 있어도 실직은 없다.'

한국직업상담학회 (2014). 퇴직 후 30년을 위한 정부의 교육훈련지원방안. 고용노동부.

홍길표·최종인·장승권 (2008). 디지털 경제하 고령화에 따른 인적자원관리 이슈와 대응방안. 인력개발연구 10(2), 135－164.

홍백의·김혜연 (2010). 중·고령자의 고용형태별 퇴직과정 유형과 그 결정요인에 관한 연구. 한국사회정책 17(1), 291－319.

황매향·김계현·김봉환·선혜연·이동혁·임은미 (2013). 심층직업상담: 사례적용 접근. 서울: 학지사.

A사 전직지원 매뉴얼 (2015).

A사 프로그램 결과보고서 (2019).

Adams, J., Hayes, J & Hopson, B. (1977). Transition: Understanding and Managing Personal Change. Oxford Pergamon Press.

Aquilanti, T. M. & Leroux, J. (1999). An Integrated Model of Outplacement Counseling. Journal of Employment Counseling, 36, 177－192.

Barnes－Farrell, J. L. & Matthews, R. A. (2007). Age and work attitudes. In K.S. Shultz & G. A. Adams (eds.). Aging and Work in the 21st Century (pp. 139－162). Mahwah, NJ: Lawrence Erlbaum Associates.

Beatty, P. T. & Visser, R. M. S. (Eds.)(2005). Thriving on an aging workforce: Strategies for organizational and systemic change. Malabar, Fla: Krieger Pub.

Brinkerhoff, R. O. (2002). The Success Case Method. San Francisco: Berrett－Koehler.

Conroy, M. A. (1993). Outplacement－Nice or Necessary? Hospital Material Management Quarterly, 14(4), 21－24.

Czaja, S. J. & Sharit, J. (Eds.)(2009). Aging and work: issues and implications in a changing landscape. Baltimore, MD: The Johns Hopkins University Press.

DeFrank, R. S. & Ivancevich, J. M. (1986). Job loss: An Individual Level Review and Model. Journal of Vocational Behavior, 28(1), 1－20.

DeWitt, R. L. & Mollica, K. A. (1998). The Influence of Eligibility on Employees Reactions to Voluntary Workforce Reductions. Journal of Management, 24(5), 593－613.

Donovan, A. & Oddy, M. (1982). Psychological Aspects of Unemployment: An Investigation into the Emotional and Social Adjustment of School Leavers. Journal of Adolescence, 5(1), 15－30.

Dychtwald, K., Erickson, T. J. & Morison, R. (2006). Workforce crisis: How to beat the coming shortage of skills and talent. Boston: Harvard Business Press.

Eden, D. & Aviram, A. (1993). Self—efficacy Training to Speed Reemployment: Helping People to Help Themselves. Journal of Applied Psychology, 78(3), 352—360.

Finkelstein, L. M. & Farreell, S. K. (2007). An expanded view of age bias in the workplace. In K. S. Shultz & G. A. Adams (Eds.), Aging and Work in the 21st Century (pp. 73—108). Mahwah, NJ: Lawrence Erlbaum Associates.

Greenhalgh, L. & Rosenblatt, Z. (1984). Job insecurity: Toward a conceptual Clarity. Academy of Management Review, 9, 438—448.

Gruber, D. F. (1998). A Study of the Efficiency of Outplacement Counseling: A Controlled Unpublished Doctoral Thesis. California School of Professional Psychology. L.A.

Healy, C. C. (1982). Career Development: Counseling through the Stages. Boston: Allyn & Bacon.

Hepworth, S. J. (1980). Moderating Factors of Psychological Impact of Unemployment. Journal of Occupational Psychology, 53, 139—146.

Hill, C. J. & R. E. Thomas (1991). Outplacement: Considerations 151 for the Small Firm, S.A.M Advanced Management Journal, 56(2), 10—15.

Joseph, L. (2003). The job—loss recovery guide. Oakland, CA: New Harbinger.

Kanfer, R. & Hulin, C. L. (1985). Individual Differences in Successful Job Searches Following Layoff. Personnel Psychology, 38, 835—847.

Kirk. J. J. (1994). Putting Outplacement in Iits Place. Journal of Employment Counseling, 31, 10—18.

Layer, M. (1982). Unemployment and Hospitalization among Bricklayers. Scandinavian Journal of Social Medicine, 10(1), 3—10.

Leana, C. R. & Ivacevich, J. M. (1987). Involuntary Job Loss: Institutional Interventions and a Research Agenda. Academy of Management Review, 12(2), 301—312.

Leana, C. R. & Feldman, D. C. (1990). Individual Response to Job Loss: Empirical Findings from Two Field Studies. Human Relations, 43(11), 1155—1181.

Leibold, M. & Voelpel, S. (2006). Managing the aging workforce: Challenges and solutions. New York: Wiley.

Martin, H. J. & Lekan, D. F. (2008). Individual Differences in Outplacement   Success. Career Development International, 13(5), 425−439.

Maurer, T. J. (2007). Employee development and training issues related to the aging workforce. In K. S. Shultz & G. A. Adams (Eds.), Aging and work in the 21st century (pp. 163−178). Mahwah, NJ: Lawrence Erlbaum Associates.

Meyer, J. L. & Shadle, C. C. (1994). The Changing Outplacement Process: New Methods and Opportunities for Transition. Westport, CT: Quorum Books.

Mirabile, R. J. (1985). Outplacement as Transition Counseling. Journal of Employment Counseling, 22, 39−45.

Nelson, B. (1997). The Care of the Un−downsized. Training and Development, 51(4), 40−43.

Newman, B. K. (1995). Career change for those over 40: Critical issues and insights. The Cereer Development Quarterly, 44, 64−66.

O'Donnell, J. (1992). When Jobs are Lost: Outplacement Guidance. Public Management, 74, 2−6.

Pickman, A. J. (1994). The Complete Guide to Outplacement Counseling. Hillsdale, NY: Erlbaum.

Redstrom−Plourd, M. A. (1998). A History of the Outplacement Industry 1960.−1997 from Job−search to Career management: A New Curriculum of Adult   Learning. Virginia Polytechnic Institute and State University.

Russell, M. M. & Visser, R. M. S. (2005). Partnering career development and human resource. In P. T. Beatty & R. M. S. Visser (Eds.). Thriving on an aging workforce: Strategies for organizational and systemic change. (pp. 92−101). Malabar, Fla: Krieger Pub.

Savickas, M. L. (2009). Pioneers of the Vocational Guidance Movement: A Centennial Celebration. The Career Development Quarterly, 57, 195−198.

Schein, E. H. (2014). 내 생애 커리어앵커를 찾아서(박수홍 역). 서울: 학지사.

Shultz, K. S. & Adams, G. A. (Eds.)(2007). Aging and Work in the 21st Century. Mahwah, NJ: Lawrence Erlbaum Associates, Publishers.

Sokup, W. R, Rothman, M. & Brisco, D. R. (1987). Outplacement Services: A Vital Component of Personnel Policy. S.A.M. Advanced Management Journal, 52(4),

19−23.

Super, D. E. (1980). A Life−span, Life−space approach to Career Development. Journal of Vacational Behavior, 13, 282−298.

Vinokur, A. & Caplan, R. D. (1987). Attitudes and Social Support: Determinants of Job−seeking Behavior and Well−being among the Unemployed. Journal of Applied Social Psychology, 17, 1007−1025.

Wubbolding, R. E. (2014). 현실치료의 적용(김인자 역). 서울: 한국심리상담연구소.

INDEX

기타 ────────────

50+이니셔티브 정책 / 73
50+이니셔티브(Initiative 50Plus) / 84
7단계의 심리상태 / 34
CCC(Career Consulting Center) / 112
CDC(Career Development Center) / 112
CTC(Career Transition Center) / 112
In-house 방식 / 101, 103, 107, 111
JIT / 107
KOICA(국제협력단) / 141
MBTI(Myers-Briggs Type Indicator) / 152
Turnkey 방식 / 101

ㄱ ────────────

경력개발 / 40, 108
경력경로 / 133
경력대안 / 127
경력목표 / 28, 126
경력분석 / 108
경력전환 프로그램 / 34, 41
경력전환센터(Career Transition Center, CTC) / 31
경영지도사 / 133
경청 / 151
고령자란 / 23
고성과자 / 94
고용상 연령차별금지 및 고령자고용촉진에 관한 법률(약칭 고령자고용법) / 18
고용전환회사((Employment Transfer Company, ETC) / 86
공감 / 151
광의의 재취업지원서비스 / 28
교류분석 / 151
교육효과모델 / 166
구직활동 / 113
구직활동 계획 / 127
구직효능감 / 35

ㄴ ────────────

노동생산성 / 10
노후소득보 / 6
니즈 탐색 / 151

ㄷ ────────────

대면상담 / 142

ㄹ ────────────

리서처(researcher) / 107

ㅂ ────────────

변화관리 / 132
변화관리 프로그램 / 41
비용편익(ROI) / 104

ㅅ ────────────

사업주 운영 매뉴얼 / 114
사전 설문 / 138
사회적 퇴출 / 33
사후 설문 / 138
산학협력중점교수 / 133
생산가능인구 / 4
생애경력 대안 탐색 / 108
생애경력 / 94
생애경력설계 / 132
생애설계 / 132
생애설계교육 / 95
생애설계프로그램 / 124

생존자 증후군(survivor's syndrome) / 32
선택이론 / 143
성격 / 151
성공사례기법(Success Case Method,
  SCM) / 166
스트롱 흥미검사 / 153
신중년 / 23
실시단계 / 39
심리적 아노미 / 137

ㅇ ────────────

아웃플레이스먼트(outplacement) / 27, 28
에고그램 / 153
에니어그램 / 153
역량 분석 / 127
역량강화 / 173
역직정년제도 / 14
연공서열형 임금체계 / 11
오픈잡 / 109, 141
월드프렌즈 NIPA 자문단 / 141
이력서 작성 / 108
인력 고령화 / 10
일시해고(lay-off)제도 / 74
임금 피크제 / 14
임원 대상 프로그램 / 108

ㅈ ────────────

잡서칭 / 140
장년 / 23
재적 출향 / 15
재취업·창업프로그램 / 108
재취업지원서비스의 모형 / 38
재취업지원서비스의 의미 / 28
재취업지원신청서 / 148
재취업희망서 / 148
저성과자 / 94
전 행동(total behavior) / 143
전략적 퇴직관리 / 93

전용성 소질 / 151, 154
전적 출향제도 / 16
전직지원서비스(outplacement service) /
  112
전직지원전문가 / 174
전직지원프로그램 / 27
전화상담 / 142
정년퇴직예정자 대상 프로그램 / 108, 109
준고령자 / 23
준비단계 / 39
직무 전환 / 94
직무능력 향상 / 132
직업가치 / 151
직업가치관검사 / 154
직업상담사 / 133
진단 / 108
진로선택제도 / 77
진로설계서 / 126
진로설계프로그램 / 108, 124

ㅊ ────────────

창업교육 / 128
창업지원 / 40
창업프로그램 / 128
초기상담 / 108, 145
출향제도 / 15, 77
취업알선 / 140
취업지원 / 40

ㅋ ────────────

커리어앵커(경력 닻) / 151, 154

ㅌ ────────────

타깃마케팅 / 109
통보단계 / 39
퇴직관리 / 73
퇴직패키지 / 96

ㅍ ───────────────

평등대우법(Allgemeines
  Gleichbehandlungsgesetz) / 84

ㅎ ───────────────

한국 P&G / 31
한국고용정보원 / 115
행동탐색 / 151
행정지원서비스는 / 41
헤드헌터 / 140
협의의 재취업지원서비스 / 29
홀랜드 직업흥미검사 / 153
흥미 / 151
히든 잡 / 141

저자소개

김석란

숙명여자대학교 일반대학원 인력개발정책학과 졸업(정책학박사)
현재 S사 경력컨설팅센터 수석컨설턴트/부장
전) 스카우트 이사, DBM Korea 이사(전직지원컨설팅 담당)

김소영

숙명여자대학교 일반대학원 인력개발정책학과 졸업(정책학박사)
현재 고용서비스연구소 리스타트 대표 컨설턴트
전) 삼성전자 과장, LHH DBM 이사(전직지원컨설팅 담당)

이영민

숙명여자대학교 행정학과 교수
일반대학원 인력개발정책학과/특수대학원 인적자원개발학과 주임교수
노사정위원회/일자리위원회/4차산업혁명위원회/고용정책심의회 위원 등

기업 인사담당자를 위한 재취업지원서비스의 이해와 적용

초판발행	2021년 5월 3일
지은이	김석란 · 김소영 · 이영민
펴낸이	안종만 · 안상준
편 집	황정원
기획/마케팅	장규식
표지디자인	최윤주
제 작	고철민 · 조영환
펴낸곳	(주)**박영사**
	서울특별시 금천구 가산디지털2로 53, 210호(가산동, 한라시그마밸리)
	등록 1959. 3. 11. 제300-1959-1호(倫)
전 화	02)733-6771
f a x	02)736-4818
e-mail	pys@pybook.co.kr
homepage	www.pybook.co.kr
ISBN	979-11-303-1288-0 93350

정 가   19,000원